GW01606142

Alegría

Álex Rovira

Alegría

Francesc Miralles

zenith

Primera edición: septiembre de 2017

Zenith es un sello editorial de Editorial Planeta, S.A.
Avda. Diagonal, 662-664, 08034 Barcelona (España)
www.zenitheditorial.com
www.planetadelibros.com

Maqueta de interior: Judit G. Barcina

ISBN: 978-84-08-17546-9
Depósito legal: B. 18515 - 2017
Fotocomposición: gama, sl.

Impreso en España – *Printed in Spain*

El papel utilizado para la impresión de este libro es cien por cien libre de cloro y está calificado como papel ecológico.

Cuando te sientas feliz, mira al fondo de tu corazón,
y verás que lo mismo que te dio dolor, te está dando alegría.
Cuando te sientas triste, mira otra vez dentro de tu corazón,
y verás que en verdad estás llorando por aquello que te había dado placer.

Kahlil Gibran

Sumario

LA TRISTEZA: UN MURO ENTRE DOS JARDINES

La tristeza: un muro entre dos jardines

Mi querido amigo,

Hoy he decidido escribirte porque he sabido que te encuentras mal, y aunque desconozco las causas de ese mal, me han hecho saber que necesitas estar en soledad para reflexionar. Así que he pensado que una manera de estar cerca de ti en estos momentos difíciles era escribirte como se hacía antes, a través de cartas en papel sin acuse de recibo.

Me han dicho que te acompaña la tristeza. Por ese motivo intentaré que mis cartas sean breves. No quiero atosigarte, pero sí recordar nuestras conversaciones de antaño, esas que manteníamos con un café o un té y un libro sobre la mesa.

Deseo hablarte en todas ellas de la alegría para ver si, de este modo, hay algo que resuene en ti y te permita, a tu ritmo y a tu manera, recuperar ese don que, a mi modo de ver, es mucho más que una simple emoción.

Y quiero comenzar recordando aquí y ahora a José Agustín Goytisolo y su poema «Palabras para Julia», dedicado a su hija.

Es uno de los poemas más bellos que he leído, del cual hay también una preciosa versión cantada por Paco Ibáñez. Estos son algunos de los versos que nunca me canso de escuchar y releer:

Hija mía es mejor vivir
con la alegría de los hombres
que llorar ante el muro ciego.

Te sentirás acorralada
te sentirás perdida o sola
tal vez querrás no haber nacido.

Yo sé muy bien que te dirán
que la vida no tiene objeto
que es un asunto desgraciado.

Entonces siempre acuérdate
de lo que un día yo escribí
pensando en ti como ahora pienso [...]

Nunca te entregues ni te apartes
junto al camino, nunca digas
no puedo más y aquí me quedo.

La vida es bella, tú verás
como a pesar de los pesares
tendrás amor, tendrás amigos.

Aquello que vivimos no siempre es de nuestro agrado. La existencia es como un restaurante en el que a veces no nos sirven el plato que deseamos, pero está en nuestras manos elegir el aderezo, corregir los sabores, hasta convertir lo agrio y amargo en un delicioso descubrimiento. En todo caso, pase lo que pase, es provisional como la vida misma.

Supongo que conoces el cuento de aquel rey al que grabaron un mensaje en un anillo para cuando se encontrara en una situación difícil y sin salida. En la inscripción ponía: «ESTO TAMBIÉN PASARÁ».

Tus dificultades pasarán, querido amigo, y un día echarás la vista atrás y entenderás que el sufrimiento actual es un aprendizaje para la vida. El dolor nos puede llevar a la consciencia, y la consciencia nos permite vivir con más lucidez, viendo y aceptando lo que es.

Si fuéramos siempre felices, seríamos incapaces de entender los matices del alma humana. No podríamos tener empatía con quien está desahuciado, con quien sufre mal de amores o con quien llora la pérdida de un familiar o de un amigo. Podemos latir con ellos justamente porque hemos vivido su dolor y eso ha ampliado nuestro horizonte de sensibilidad y humanidad.

El dolor puede hacernos sabios, lo cual no significa que debamos quedarnos en él. Como decía Buda, toda enseñanza es como una barca para pasar a la otra orilla. Una vez que la alcanzamos, no tiene sentido seguir cargando con la barca. Hay que seguir andando.

Justamente Buda, cuando era un príncipe consentido que solo había conocido los placeres de palacio, empezó su camino al despertar cuando encontró en un sendero a un enfermo, a un anciano y, finalmente, a un cadáver. Por primera vez tomó conciencia de que el sufrimiento forma parte de la existencia, y decidió pasar el resto de su vida indagando sobre cómo vencer el dolor.

Llevaría mucho tiempo explicar los descubrimientos que hizo el príncipe Siddharta, pero ya te hablaré de ello en otra ocasión. No quiero aburrirte filosofando demasiado, amigo mío.

Antes de terminar, permíteme que comparta contigo algunas cosas que creo haber aprendido, por si, perdido en el bosque de la fatalidad, has llegado a creer que no hay salida:

1. La tristeza tiene una duración determinada, un principio y un fin. Insisto: esto también pasará. Saldrás de ella con más sabiduría, más consciente y deseando saborear los regalos de la vida, porque solo quien ha vivido en las catacumbas del dolor puede bailar luego bajo el sol.

2. La tristeza está ahí por algo; tiene una función esencial: informarnos de que algo va mal. Como una fiebre que depura el cuerpo para liberarlo de toxinas, lo que estás viviendo te permitirá drenar las emociones negativas para regresar al mundo más ligero y libre.

3. La tristeza es solo el reverso de la alegría. Del mismo modo que seríamos incapaces de ver un cuadrado blanco sobre un fondo blanco, el dolor es necesario para que luego podamos celebrar la dicha de vivir. Sin ese contraste, viviríamos en una apatía parecida a la muerte.

Un poeta de Oriente dijo una vez que «la tristeza es un muro entre dos jardines». Lo contrario de lo que sientes ahora mismo está mucho más cerca de lo que crees, aunque tu dolor no te permita ver en este momento lo que hay detrás. Ten un poco de paciencia y no pierdas de vista que un jardín bello y frondoso te espera al otro lado de la tristeza.

Recibe un sentido abrazo,

Y. M.

INVITACIÓN A LA ALEGRÍA

1. Anota en un papel alguna circunstancia que superaste en el pasado, pero que en su momento te parecía imposible.
2. ¿Qué tuviste que aprender para salir airoso?
3. ¿Qué valores incorporaste a tu vida?
4. ¿Cómo te sientes ahora, viéndolo desde la distancia, al recordar que lograste superarlo?

Recuerda también que aquello que te permitió salir adelante en el pasado te puede ser de gran ayuda para superar los retos del futuro.

EL INVENTARIO DE LA ALEGRÍA

El inventario de la alegría

Querido amigo,

En mi primera carta te hablé de la tristeza y de su utilidad, pero hoy quiero hacerte reflexionar sobre la alegría.

No hay que confundir la alegría con la felicidad, porque son cosas muy distintas. La alegría es una de las emociones básicas del ser humano. Todos la llevamos de serie, aunque a veces la tengamos dormida, como es ahora tu caso.

La alegría nos hace sentir bien y nos da, además, una información muy valiosa de lo que es placentero para nosotros. Es una emoción que nos procura la naturaleza para promover en nosotros las acciones que generan bienestar, que refuerzan los vínculos, que nos anclan a la vida, básicamente.

¿Te has parado a pensar, querido amigo, qué cosas despiertan en ti esta emoción? ¿Has hecho ya tu inventario de alegría? El poeta Bertolt Brecht enumeró sus satisfacciones en esta célebre lista:

La primera mirada por la ventana al despertarse,
el viejo libro vuelto a encontrar,
rostros entusiasmados,
nieve, el cambio de las estaciones,
el periódico,
el perro,
la dialéctica,
ducharse, nadar,
música antigua,
zapatos cómodos,
comprender,
música nueva,
escribir, plantar,
viajar,
cantar,
ser amable.

Aunque ahora mismo no seas capaz de pensar en nada que no sea tu mal, te invito a que saltes el muro del que te hablaba el otro día y visites el jardín de las cosas por las que vale la pena vivir.

Ya has leído las satisfacciones de Brecht. ¿Cuáles son las tuyas? Escríbelas y pon tu inventario de la alegría en tu escritorio o junto a la cabecera de tu cama.

Si te fijas, las cosas que nos producen más alegría son aquellas que nos conectan con la vida y con otras personas, paisajes y objetos. La alegría, además, es inmediata y viene desnuda. No necesita elaboración. Surge muchas veces de manera imprevista y, cuando lo hace, va acompañada de la sonrisa, de la risa o de la carcajada; al igual que el pájaro arranca a trinar cuando la visita el primer rayo de sol.

La alegría es sencilla, directa y evidente. Lo traspasa todo y está en todas partes. Sale a tu encuentro inesperadamente, te sorprende, te atrapa, pero ese atrapar es una liberación, porque cuando la experimentamos, nos relajamos, sonreímos, reímos, oxigenamos el cuerpo, nos emocionamos, necesitamos expresarla, que nuestro cuerpo la exprese saltando, corriendo, compartiéndola en el abrazo, el beso, la mirada cómplice, el arrebato amoroso...

Y al contrario de lo que muchos creen, no es huidiza, sino que siempre está ahí, como un secreto abierto, tan obvia que la obviamos, tan evidente que no la vemos. Porque simplemente está tapada. Tapada por preocupaciones o por angustias, por cuitas o por deseos innecesarios. Tapada por la mente y sus preocupaciones, por el ego y sus miedos, complejos y vanidades. Puedes plantearte si eres feliz con tu vida o no, pero nunca te plantearás si estás alegre. Lo sientes y lo sabes, y ya está.

Lo que llamamos «felicidad» es un concepto mucho más complejo e individual. Cada cual es feliz a su manera. Se trata de un estado del alma que requiere ser pensado, y ahí reside el problema. En el momento en que te preguntas si eres feliz, ya estás perdiendo esa magia que iluminaba cada rincón de tu vida. Por eso, un viejo dicho reza: «Si quieres ser feliz como dices, por favor, no analices, no analices». La felicidad se desvanece cuando tratamos de apresarla.

Y significa algo diferente en cada cultura. Los primeros exploradores que aprendieron lenguas africanas interrogaban a los nativos sobre si eran felices y estos no entendían la pregunta. Aquel concepto no existía en su visión del mundo, pero sí que comprendían claramente lo que significaba la alegría.

Buscar la felicidad supone que aquí y ahora eres infeliz, y eso significa que algo va mal o se está haciendo mal, o que no quieres ver ni reconocer las maravillas que te rodean.

La norteamericana Pearl S. Buck, premio Nobel de Literatura en 1938, decía con una lucidez maravillosa que «muchas personas se pierden las pequeñas alegrías mientras esperan la gran felicidad». ¡Ahí está la clave!

No sabemos qué forma tiene el edificio de la felicidad, pero lo que está claro es que se construye con los ladrillos de la alegría. Si la dejamos entrar, puesto que está en todas partes, nos elevamos sobre nosotros mismos y ampliamos nuestro horizonte.

Sé lo que estás pensando, amigo. Desde tu postración, en la oscuridad de tu cuarto y con las persianas cerradas, me dirás que has perdido la alegría y que no sabes verla en ninguna parte. Pero yo te aseguro que puedes reencontrarla de la siguiente forma:

1. Haciendo lo que debes hacer. Pocas cosas provocan más frustración que dejar de lado nuestras tareas o aplazarlas. Cuando bajamos los brazos, cualquier cosa se nos hace una montaña y, al final, llegamos a creernos incapaces de nada. En cambio, habrás comprobado que en cuanto te pones en marcha (escribiendo a un amigo, reparando algo roto en casa o incluso fregando los platos), la ansiedad cae en picado, porque vuel-

ves a sentirte útil en el mundo. En una ocasión le preguntaron a Cary Grant cuál era su secreto para llevar una existencia dichosa y con sentido. ¿Y sabes qué respondió? «Mi fórmula para la vida es muy simple: me levanto por la mañana y me acuesto por la noche; entre medio, trato de ocuparme lo mejor que puedo».

2. Valorando lo que tienes. Imagina ahora que el médico te da la fatal noticia de que vas a morir antes de un mes. ¿Qué es lo que más te apenaría dejar? Más allá de las listas cotidianas de las que hablábamos antes, seguro que de repente valorarías a personas (amigos y familiares) que ahora no tienes presentes porque estás encerrado en ti mismo. Querrías despedirte de ellos, hacer un último encuentro o incluso una última fiesta con cada uno para recordar todo lo bello que habéis compartido. La buena noticia es que no vas a morir todavía, salvo por accidente, y que puedes hacer la fiesta hoy mismo.

3. Compartiendo. Antes te decía que la felicidad es un enigma que resuelve de modo distinto cada persona, mientras que la alegría es igual para todos, porque une y puede ser compartida. Un grupo de amigos cantando juntos por la calle, el gol celebrado al unísono por todo un estadio, una cena de viejos compañeros que ríen y celebran lo vivido juntos. La alegría puede consumirse en dosis individuales, pero es fascinantemente contagiosa. Por eso, sal al mundo y déjate alegrar, amigo.

Terminaré esta carta con un brevísimo cuento tibetano que tiene por protagonista a un monje. Un día se acercó a su guía espiritual y le dijo:

—Me siento desanimado. ¿Cómo puedo superarlo, maestro?

—Animando a los demás —repuso el guía.

Abre las puertas de tu alma, amigo, y ofrécete al mundo, a las satisfacciones y a los amigos que te esperan ahí fuera. Sal de tu letargo y la vida pondrá el resto.

Con afectuosa alegría,

Y. M.

INVITACIÓN A LA ALEGRÍA

Escribe tu propia lista de *greatest hits* con aquello que te hace feliz. Puede incluir:

1. Personas que te ponen de buen humor.
2. Actividades que te relajan o te dan placer.
3. Lugares que te transmiten armonía, belleza o bienestar.

A continuación, pon en tu agenda inmediata estas personas, actividades y lugares y que surja la alegría.

ENGRAMAS PARA REVIVIR

Engramas para revivir

Querido amigo,

El otro día leí en la prensa un artículo muy interesante sobre el poder de la memoria. Al parecer, un grupo de neurocientíficos del célebre MIT de Boston ha conseguido curar la depresión en ratones reactivando sus recuerdos felices. Este experimento empezó en 2012, cuando los científicos lograron identificar grupos de células con recuerdos específicos y los llamaron «engramas».

En ese estudio, los ratones se expusieron primero a una experiencia placentera, al dejarles pasar un tiempo con hembras, y se marcaron las neuronas de aquella parte de la memoria con una proteína sensible a la luz azul que permitiría reactivar lo vivido. Tras formarse el recuerdo positivo, los científicos sometieron a los ratones a un estrés constante que les produjo síntomas similares a la depresión. De repente, aquellos animales alegres se daban por vencidos fácilmente ante cualquier dificultad, dejaban de comer y ya no encontraban placer en actividades que solían gustarles. Los científicos del MIT decidieron entonces reactivar, a través de la luz azul, las neuronas que guardaban las experiencias agradables del pasado. Para asombro de los investigadores, los ratones salieron enseguida de su abatimiento y recuperaron la vitalidad de antaño.

El siguiente paso fue probar a reactivar esos recuerdos felices dos veces al día, por espacio de quince minutos cada vez, y lo hicieron durante cinco días seguidos. Después de eso, las semanas siguientes, los ratones se mostraron totalmente restablecidos de la depresión sin necesitar más estimulación artificial. Los neurocientíficos concluyeron, por tanto, que la activación de la memoria agradable había conseguido formar nuevas células cerebrales, un «engrama» de la felicidad, en el hipocampo del cerebro. Esa era una «reserva de alegría» a la que los animales podían acceder siempre que necesitaran motivación.

El director del estudio, Steve Ramírez, afirmó lo siguiente al pensar ya en los seres humanos: «Las personas que sufren depresión tienen esas experiencias positivas en el cerebro, pero las piezas cerebrales necesarias para recuperarlas están rotas. Lo que hacemos es pasar por alto los circuitos y forzar que se inicien».

¿Cómo forzar el *reset* de esos engramas positivos? Dedicando un tiempo consciente a revivir la buena memoria olvidada. ¿Has jugado alguna vez a pescar recuerdos? Es un ejercicio fácil y divertido, mi buen amigo. Limítate a seguir estos pasos:

1. Elige una época determinada de tu vida. Por ejemplo, el primer viaje al extranjero que hiciste por tu cuenta o un romance memorable de tu juventud.

2. De esa etapa, selecciona un momento que te resulte especialmente divertido, agradable o placentero.

3. Una vez «pescado el recuerdo», cierra los ojos, relájate y reproduce con el máximo detalle aquella escena: las conversaciones, las miradas, el olor de los lugares, el tiempo que hacía, la luz y el paisaje que te rodeaba... Si asocias el recuerdo a una música concreta, puedes servirte de ese recurso para reforzar aún más el engrama. El poder de evocación emocional de la música es extraordinario para convocar la alegría.

Siguiendo el ejemplo de los ratones, dos sesiones de recuerdos placenteros al día te ayudarán a formar nuevos circuitos de alegría. De hecho, ya hay psicoterapias de gran éxito contra la depresión que se basan en esa estimulación.

Además del «chute» de sensaciones agradables que supone este viaje a la alegría que todos almacenamos, revivir momentos así te dará un importante mensaje: si entonces fuiste capaz de extraer todo su jugo a la vida, muy pronto podrás experimentar momentos tan buenos como aquellos. El mundo no ha cambiado y los regalos que ofrecía siguen estando allí. Solo es que ahora estás mirando en otra dirección.

Mientras terminas tu convalecencia, dedícate a recuperar recuerdos felices, mi buen amigo. Haz acopio de ellos y saboréalos con la misma fruición que si los estuvieras viviendo en carne y hueso. El cerebro no distingue entre lo que percibe de fuera y lo que se proyecta desde dentro. La imaginación, bien trabajada, hace creer al cerebro que está viviendo una realidad. Y, así como se adquiere fondo saliendo a correr cada día, la alegría también se refuerza poniendo en marcha recuerdos que dejan huella.

Si pasas mucho tiempo en los engramas más bellos de tu vida, pronto tendrás necesidad de coleccionar nuevas huellas de alegría para tu archivo interior, y saldrás a buscarlos. Entonces estarás curado.

Te quiere y te recuerda bien,

Y. M.

INVITACIÓN A LA ALEGRÍA

Construye tu propio almacén de experiencias agradables para nutrirte allí siempre que te sientas desanimado. Para ello, puedes hacer lo siguiente:

1. Crear carpetas temáticas con grupos de recuerdos que te transporten a tus mejores tiempos.

2. Seleccionar correos electrónicos, cartas o mensajes de cualquier clase que te hayan aportado optimismo y motivación.

3. En momentos de estrés o decaimiento, cierra los ojos y visualiza esas vivencias felices, aunque sea por unos instantes. Revive esos momentos radiantes hasta que notes un cambio en tu estado de ánimo.

LAS CINCO PERSONAS QUE TE MUESTRAN QUIÉN ERES

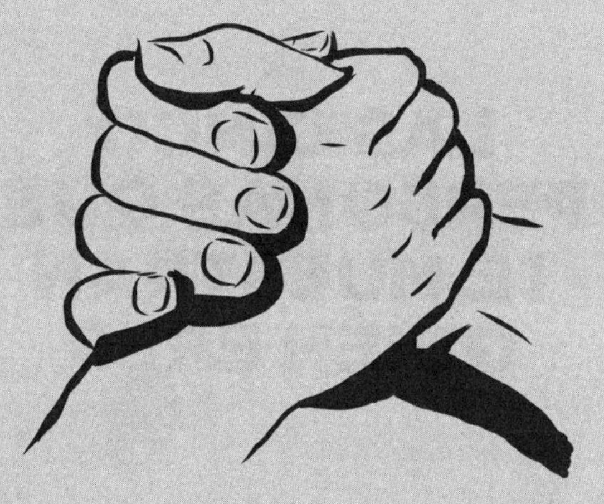

Las cinco personas que te muestran quién eres

Mi querido amigo,

Hace mucho que no te veo. Recuerdo que antes de que cayeras enfermo estabas muy a menudo con tus amigos. Todo el mundo te apreciaba por tu carácter amable, por ser tan solícito, siempre dispuesto a escuchar a todos y a ayudar. Ahora no contestas casi nunca a los mensajes, o lo haces tarde y de forma escueta. Parece que estés enfadado con el mundo. ¿Qué te ha pasado?

Hace años asistí a una conferencia que hoy he recordado al pensar en ti. Su ponente, Jim Rohn, afirmaba que «eres la media de las cinco personas con las que pasas más tiempo». ¿Qué quería decir con eso? Pues, sencillamente, que las personas que nos rodean son como una radiografía de nuestra alma.

Este orador decía que para tener éxito —en cualquier faceta vital— nuestra inteligencia y nuestro talento no son tan determinantes como creemos. Ni siquiera el lugar y la familia en la que hemos crecido. Mucho más importante que todo eso, según Rohn, es la gente de la que te rodeas.

En su conferencia pedía al público que escribiera en un papel los nombres de las cinco personas con las que pasaban más tiempo. Lógicamente, entre ellos está la pareja o un familiar, compañeros de trabajo, algún amigo íntimo, etcétera. Una vez que tenemos ese *Top 5*, hay que preguntarse cómo es cada una de esas personas:

1. ¿Se ha realizado en su vida?
2. ¿Es feliz y optimista?
3. ¿Se alegra de tus éxitos y desea que las cosas te vayan bien?
4. ¿Te anima cuando le explicas nuevas ideas o hace todo lo contrario?
5. ¿Se esfuerza para alcanzar sus propios sueños? (Si no lo hace, es posible que no le guste que tú cumplas los tuyos.)

Si después de hacernos estas preguntas, puntuamos del uno al diez el grado de positividad de cada persona, solo tenemos que hacer la media entre los cinco y tendremos una radiografía de nuestro propio valor, según este autor.

Alguien que se rodea de amigos que no llegan al aprobado en el apartado de la alegría, por pura simbiosis, suspenderá en esa misma materia, ya que está condicionado diariamente por ellos.

Tras hacer este ejercicio y obtener la media que nos evalúa, Jim Rohn sugería que no tengamos reparos en quedarnos solo con una o dos personas de la lista, las que más puntúen en nuestra vida, y sustituir el resto por otras que en lugar de hundirnos nos eleven. Para ello, solo hay que empezar a reducir el tiempo que pasamos con la parte baja de la tabla, a la vez que damos oportunidad para que personas de mayor valor humano cobren relevancia en nuestro día a día.

Es un ejercicio radical, pero altamente transformador. Requiere el valor de perder algunos amigos y distanciarnos de ciertos familiares, quizá, pero a cambio mejoraremos el escenario emocional en el que vivimos, y en consecuencia y por efecto contagio, haremos sentir mejor a quienes nos rodean.

Sé lo que estás pensando, amigo. Ahora mismo eres incapaz de nombrar a cinco personas con las que desees pasar mucho tiempo. No pasa nada. Quizás en este momento tienes solo a dos. Pues bien, esas personas son las que debes frecuentar para caminar juntos hacia un lugar mucho mejor que en el que te encuentras ahora.

¿Cómo reconocer a las personas que son sembradoras de alegría? Seguramente tendrán alguna o varias de estas características:

1. Saben escucharte, sin emitir juicios innecesarios, y hacen las preguntas adecuadas para profundizar en el tema, porque se interesan sinceramente por ti.
2. Su propia vida es un ejemplo que te motiva a hacer las cosas mejor.

3. Cuando compartes espacio con estas personas, te sientes inmediatamente mejor.

4. Te ayudan, con su sentido del humor, a relativizar los problemas y a no quedarte atrapado en circuitos mentales cerrados.

Si pasas la mayor parte de tu tiempo con dos personas, por ejemplo, que puntúan un siete y un nueve en alegría, probablemente tu nivel esté en el ocho.

Te explico todo esto porque tu buscada soledad me hace pensar que estás decepcionado con la gente, y tus buenas razones tendrás. Quizás en su momento elegiste a compañeros de viaje que tendían a hundir más que a elevar, como sucede cuando frecuentamos malos camaradas de estudios, y te han arrastrado al suspenso en tu estado de ánimo.

Si tomas conciencia de eso, puedes cambiarlo, eligiendo mejor a partir de ahora. Puedes cambiarte. Y subir nota. La vida te ofrece una reválida.

Con toda mi amistad,

Y. M.

INVITACIÓN A LA ALEGRÍA

Realiza el ejercicio de Jim Rohn en las áreas de tu vida que más te interesen. Puedes incluir la alegría en tus evaluaciones, además de ver la media que revela tu propia nota...

1. Fíjate en si alguna persona baja la nota.
2. En ese caso, ¿tienes la obligación de tratar con esa persona?
3. Si la respuesta es afirmativa, deja de dar tanta importancia a sus acciones y palabras, entendiendo que se comporta desde sus creencias.
4. Si es negativa, reduce el contacto con esta persona porque es evidente que te hace mal. Afortunadamente, en el mundo existe mucha gente buena que nos eleva y no nos hunde. Date el permiso de conocer a bellas almas que eleven tu media.

¿HUMOR PERRO?

¿Humor perro?

Querido amigo,

Mientras paseaba hoy por un parque me he acordado de ti. Ha sido observando el juego de un perro. Sí, no tuerzas el gesto. Al ver a un golden retriever que movía la cola, a la vez que perseguía amistosamente a otro chucho alrededor de un árbol, me he dado cuenta de lo mucho que tenemos que aprender de los animales.

El perro estaba totalmente concentrado en el disfrute de su juego. No existía nada más para él. Era alegría en estado puro. Entonces me he preguntado: ¿Por qué a los seres humanos, que en teoría estamos más evolucionados, nos cuesta tanto vivir ese goce, esa entrega total al instante como si la vida fuera un juego eterno o una apuesta permanente por la alegría? Tras meditarlo, he llegado a la conclusión de que, en esencia, cada ser humano es como ese perro que mueve la cola: somos alegría, pero en el proceso de domesticación humana la vamos perdiendo.

Un experto en risoterapia decía en una entrevista que ríe más un bebé que un niño, un niño que un joven, un joven que un adulto y un adulto que un viejo. Por alguna extraña razón, con el tiempo vamos restringiendo nuestra alegría, la plenitud y la energía que son naturales en el niño y en el perro. Este don que tenemos «de fábrica» se va limitando con la edad. ¿A qué es debido?

Hay quien lo atribuye a la «pérdida de la inocencia». A medida que quemamos etapas, vamos experimentando la crudeza del mundo, sufrimos pérdidas y decepciones, nos cargamos de obligaciones. Y llega un punto en el que nos convencemos de que la vida no es nada divertida. Al contrario, podemos llegar a asumir la creencia de que la vida y el mundo son «un valle de lágrimas» y que «aquí se viene a sufrir».

Sin embargo, se trata solo de eso, de una creencia. El perro vive en el mismo mundo que nosotros, pero es capaz de vivir el momento con alegría, porque para él no existe nada más. Y de hecho así es: el animal que corre alegre por la calle puede ser atropellado un instante después, y quien te escribe esta carta puede perder la vida por un ataque al corazón antes de llegar al final de la misma.

Alguien dijo que «la vida es un chispazo de conciencia entre dos eternidades», la que nos precedió y la que nos sucederá. La pregunta es: ¿Cómo quieres que sea ese destello en la oscuridad? Puede ser una luz débil y trémula, que no se atreve a vivir, o un resplandor que ilumine hasta el último rincón del Universo. Tú decides.

Cuando el perro mueve la cola, con ese gesto tan simple celebra su presencia en la vida. ¿Sabías que solo lo hacen cuando hay otros perros o personas cerca de ellos? Varios estudios demuestran que, estando solos, no mueven la cola. Su cometido, por lo tanto, es comunicar a los demás que están conectados a la energía de la vida, dispuestos para el juego y el desafío, e incluso algo que es más importante: hacer saber a otros que están alegres e invitarlos a compartir la alegría.

Esto me lleva, querido amigo, a preguntarme si los seres humanos hacemos algo equivalente a mover la cola. Y he llegado a la siguiente conclusión. Los seres humanos «movemos la cola» para mostrar nuestra alegría:

1. *Hablando y gesticulando*. Cuando nos embarga la pasión, sin darnos cuenta elevamos el tono de voz y hacemos también más manifiesto nuestro lenguaje no verbal.
2. *Cantando*. Siguiendo el viejo dicho de que «quien canta sus males espanta», entonar una melodía de forma espontánea es una manera muy humana de celebrar la vida.
3. *Activándonos*. Muévete, haz ejercicio, sal a dar un paseo, recolecta frutas, frutillas, setas según la temporada, sal a correr, muévete en el agua, nada, ve en bicicleta, estira los músculos. En definitiva, dile a tu cuerpo que está vivo y oxigénalo. Los clásicos, hace dos mil años, ya tenían claro que la mente estaba sana en un cuerpo sano, y la ciencia actual les da toda la razón.
4. *Compartiendo con los demás*. Así como la tristeza nos arrastra hacia el aislamiento, la alegría de vivir pide ser compartida y contagiada a otros. La generosidad, el compartir, la solidaridad y todas las formas y los verbos que tengan que ver con darnos a los demás son las puertas principales y más bellas al seno de la alegría, sin duda.
5. *A través de la ternura, de las caricias*. Una caricia espontánea, un beso sentido, un abrazo entregado, una mirada amiga, un

guiño cómplice, un «te quiero» que nace del alma son el mejor regalo y abren las puertas de manera inmediata a la luz de la alegría.

Lo que quiero decirte, en resumidas cuentas, es que si quieres estar más contento que un perro con dos colas, aplícate la máxima: «Hagamos como si fuéramos y acabaremos siendo».

Aunque no tengas ganas de hablar ni de compartir y mucho menos de cantar, oblígate a hacerlo. Como un experimento. Elige esa opción aunque, de entrada, no te apetezca e incluso te cueste.

Busca personas amables con las que conversar, pero no les expliques tus penas. Háblales con devoción de aquel libro que te marcó la vida, de esa película que has visto siete veces, de un lugar en la Tierra que todo el mundo debería visitar antes de morir. Tu entusiasmo tendrá como respuesta otro entusiasmo, y es posible que, sin darte cuenta, te encuentres camino a casa entonando la canción de la alegría.

Nunca entendí por qué al mal humor se le llama «humor perro», cuando por lo general los perros están siempre —salvo que los humanos los maltraten, por cierto— de un formidable y contagioso humor y alegría.

Un ladrido alegre de tu amigo más perro.

¡Guau!

Y. M.

INVITACIÓN A LA ALEGRÍA

Acércate a un parque donde haya perros jugando, o si convives con animales domésticos, observa sus movimientos y reacciones. Luego responde a estas preguntas:

1. ¿Logran fijar toda su atención en una sola cosa o, por el contrario, se dispersan?
2. ¿Muestran su alegría de inmediato o la frenan por vergüenza?
3. ¿Se entregan al juego con todas sus fuerzas?
4. ¿Descansan con la misma convicción?

Espontaneidad, foco de atención en el instante presente, alegría a borbotones, emociones sinceras, entrega y lealtad absoluta, ternura incondicional... Hay tantas bondades en el alma de los animales que te invito a que te preguntes cuáles de ellas puedes incorporar en tu vida y cómo te permites hacerlo.

LA ACTITUD:

PREÁMBULO DE LA ALEGRÍA

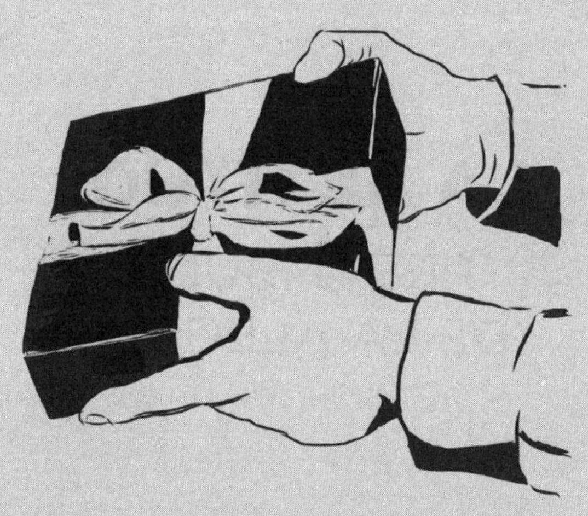

La actitud: preámbulo de la alegría

Querido amigo,

Si el otro día te hablaba de la magia de la ternura y de las caricias, hoy deseo compartir contigo otra fuerza mágica que convoca la alegría propia y ajena. Es tal su potencia y tan obvia que a menudo la pasamos por alto. Es tan evidente que ni la vemos. Es otro secreto abierto: la actitud.

Todo puede cambiarse con la actitud. Puede dar la vuelta a todas las situaciones, prender luz, hacer germinar la esperanza, reconciliar, alentar o iluminar.

Se trata de un gesto inapreciable que se produce en nuestro interior. No es algo pomposo en su forma y origen, pero ahí está la diferencia. Nos ayuda a ser positivos, afables, espléndidos y lúcidos, y nos ofrece la posibilidad de cambiarnos a nosotros, y al mundo, para bien.

¿Y sabes cuál es la mejor noticia que traigo hoy? ¡Que las actitudes pueden elegirse! Mi admirado doctor Viktor Frankl escribió sobre todo eso en su indispensable *El hombre en busca de sentido*, del que he seleccionado algunos fragmentos:

Al hombre se le puede arrebatar todo salvo una cosa: la última de las libertades humanas —la elección de la actitud personal que debe adoptar frente al destino— para decidir su propio camino.

El hombre que se hace consciente de su responsabilidad ante el ser humano que le espera con todo su afecto, o ante una obra inconclusa, no podrá nunca tirar su vida por la borda. Conoce el «por qué» de su existencia y podrá soportar casi cualquier «cómo».

El ser humano no es una cosa más entre otras cosas; las cosas se determinan unas a las otras; pero el hombre, en última instancia, es su propio determinante. Lo que llegue a ser —dentro de los límites de sus facultades y de su entorno— lo tiene que lograr por sí mismo.

Efectivamente, nuestra vida será o no será, en gran medida, según lo que hagamos con ella. Será aquello que decidamos en cada momento, desde la consciencia y la predisposición a entregarnos a la propia vida y a los demás. Porque, querido amigo, la vida se fundamenta en nuestra actitud, y podemos elegir que sea de alegría.

Recuerdo haber visto un grafiti que me inspiró un texto que escribí. Lo compartiré contigo. Se trata de una pequeña reflexión sobre aquellos hechos simples, cotidianos, que nos pueden transformar. Todo él es sentido común, el menos común de los sentidos. Decía así:

Si abrió, cierre.
Si ensució, limpie.
Si encendió, apague.
Si desordenó, ordene.
Si rompió, repare.
Si no sabe, no opine.
Si opinó, hágase cargo.
Si le prestaron, devuelva.
Si prometió, cumpla.
Si a pesar de prometer, no puede cumplir, discúlpese y repare.
Si debe usar algo que no le pertenece, pida permiso.
Si desconoce cómo funciona algo, no lo toque.
Si no sabe arreglar, busque a quien sepa hacerlo.
Si no sabe hacerlo mejor, no critique.
Si no puede ayudar, no moleste.
Si ofendió, discúlpese.
Si ignora qué decir, cállese.
Si no es asunto suyo, no se entrometa.
Si no es suyo, devuélvalo.
Si es gratis, no lo desperdicie.
Si le sirve, trátelo con cariño.
Si no puede hacer lo que quiere, trate de querer lo que hace.
Si le molesta a usted, no permita que afecte a otros.
Si puede ser amable, séalo. Siempre se puede ser amable.
Si puede ser responsable, séalo. Siempre se puede ser responsable.
Si puede ser agradecido, séalo. Siempre se puede, también.
Si puede elegir una buena actitud por el bien propio y ajeno, hágalo, también.
En definitiva, si puede y hace bien, hágalo.

Todo lo que dice resulta obvio, ¿verdad? Entonces ¿por qué nos cuesta tanto aplicarlo? Creo que, sinceramente, por pereza y egoísmo. Aunque nos cueste reconocerlo. La pereza y el egoísmo son dos de los mayores venenos contra la alegría.

Otro gallo cantaría si esta humanidad estuviera entrenada en el ejercicio de hacer el bien a los demás y a uno mismo. Esa es la «asignatura pendiente».

Es cuestión de actitud. De saberla elegir. De generosidad y de entrega.

¿Te sumas al cambio?

Con alegre actitud,

Y. M.

INVITACIÓN A LA ALEGRÍA

1. Anota tres situaciones recientes a las que no respondiste de manera adecuada, fuera por tu inacción o por una reacción poco constructiva.
2. Identifica en cada caso cuál fue tu actitud en esos momentos vitales.
3. A continuación, reescribe tu historia con la actitud que te habría gustado tener.
4. Haz un plan práctico para desarrollar esas actitudes deseadas. ¿De qué manera concreta puedes incorporarlas a tu vida?

LA DICHA DE APRENDER

La dicha de aprender

Querido amigo,

En el proceso de escribirte estas cartas leo y releo viejos y queridos libros que en su momento me fueron de gran utilidad e inspiración. También reflexiono antes de compartirlos contigo y con otros amigos que me aportan ideas útiles y valiosas. Por este motivo, en mi carta de hoy quisiera hablarte de la alegría de conocer, de saber, de la alegría que nos brinda el proceso de aprender.

Para ello quisiera comenzar parafraseando al lúcido Teofrasto Paracelso, que dejó escrito: «Quien no conoce nada, no ama nada. Quien no puede hacer nada, no comprende nada. Quien nada comprende, nada vale. Pero quien comprende también ama, observa y ve... Cuanto mayor es el conocimiento, más grande es el amor».

¡Qué gran verdad! Hay un lazo poderoso entre la sabiduría, el amor y la alegría del que surgen la evolución y el sentido. Y esto es así porque el amor nos impulsa a saber, a comprender: nos despierta la curiosidad. Y al saber, nos maravillamos y admiramos, nos sorprendemos, y es entonces cuando surge la alegría como síntoma natural del feliz aprendizaje.

Además, querido amigo, quien ama anhela conocer mejor el objeto amado, profundizar en él. Dado que cuanto más sabemos de aquello que amamos, mayor es nuestro amor, más crece. El lazo que une conocimiento y amor es la alegría.

Tanto el ceramista que con arcilla y agua crea sus tazas como el naturista que con sus plantas y esencias nos prepara sus mezclas, como el compositor que con sus partituras y armonías nos ofrece sus melodías, todos ellos crecen a diario y aprenden cómo hacerlo mejor, y lo hacen con alegría.

Pienso en buenos amigos y amigas míos, maestros en sus disciplinas, a los que les une un elemento común: una gran pasión por su oficio y por los resultados de este. Ante todo, se vuelcan en el servicio al resto de sus semejantes.

Aquellos que aman su oficio y vocación se entregan con alegría al trabajo diario, con el mismo conocimiento y amor a los que hacía referencia Paracelso. Aplicar la pasión a nuestro día a día nos permite transformar un mundo gris en otro lleno de color y alegría.

El poder de la alegría nos abre la posibilidad de compartir con los demás. Porque ¿de qué sirve elaborar vino si no podemos saborearlo con los amigos?

Un amigo mío siempre dice que cada vez que encuentra un tesoro corre a llamar por teléfono a sus amigos. Y Antoine de Saint-Exupéry sostenía que «si queremos un mundo de paz y de justicia hay que poner decididamente la inteligencia al servicio del amor».

Las buenas historias (ya sean en literatura, cine o teatro), los encuentros con amigos y personas queridas, las charlas agradables y las coincidencias curiosas, incluso esos momentos de soledad dedicados a nosotros mismos, a escuchar nuestra voz interior, son todas ellas oportunidades para cultivar esa pasión por crecer y aprender con alegría. Pues el descubrimiento nos aguarda en la capacidad de asombro ante la contemplación, la observación, el análisis, el estudio, la meditación, etcétera.

Debemos conocernos a nosotros mismos, así como al mundo y la vida que el destino nos ha regalado, y liberarnos a esta práctica con emoción y curiosidad, como la que tiene el niño que ansía aprender. Porque a aquella persona (hombre o mujer, niño o anciano) que tenga el deseo de saber se le entrega el libro infinito de la vida con el fin de que lea aquello que otros vivieron antes que él y que, en sus páginas en blanco, aporte lo que más desee compartir con los demás.

¡Alegre aprendizaje, querido amigo!

Y. M.

INVITACIÓN A LA ALEGRÍA

1. Pregúntate qué cosas deseaste aprender de pequeño y nunca llegaste a hacer.

2. ¿Alguno de esos deseos sigue vivo en tu corazón?

3. Toma uno de esos aprendizajes no cumplidos y resérvate huecos en tu agenda para empezar de inmediato.

4. Márcate un objetivo a corto, medio y largo plazo para esta pasión. Fíjate premios para cada objetivo cumplido, si con ello alimentas tu motivación.

CREER EN LA ALEGRÍA ES CREAR ALEGRÍA

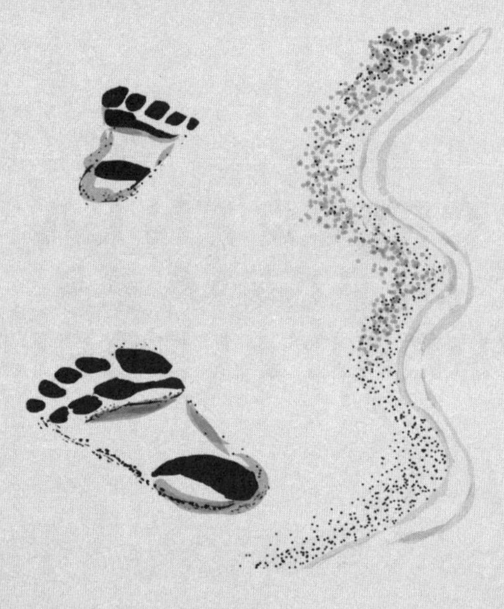

Creer en la alegría es crear alegría

Querido amigo,

En mi anterior carta te hablaba de la alegría de aprender. Esta mañana, mientras un rayo de sol acariciaba la mesa de trabajo desde donde te escribo, he vuelto a pensar en ello y deseo compartir hoy contigo una nueva reflexión.

No hemos perdido la alegría de la etapa infantil, sigue latiendo en nuestro interior. Lo que sucede es que está adormecida bajo diferentes capas de falsas creencias, aprendizajes equivocados y prejuicios. Está oculta en la sombra porque todavía no se ha visto acariciada por la luz.

Hemos acumulado tantos mensajes negativos sobre la existencia que somos incapaces de apreciar el milagro constante de la vida. Para volver a nuestra alegría primigenia, por lo tanto, necesitamos pasar por un proceso de desaprender creencias saboteadoras y limitadoras como estas:

1. El mundo es un desastre.
2. Esto no tiene remedio.
3. Qué asco de vida.
4. Todo es mentira.
5. No hay nada que celebrar.
6. Todo el mundo es egoísta.
7. Si puede, el otro te va a jorobar.
8. No puedo confiar en nadie.
9. Los demás van a la suya.
10. Soy incapaz de cambiar.
11. El mundo no tiene solución.
12. La humanidad es estúpida sin remedio.
13. Hagamos lo que hagamos, el final será catastrófico.

Y podríamos seguir con una lista interminable de «perlas» de este estilo e incluso peores, que forman parte de creencias cada vez más comunes, tópicos de contagio masivo que raramente son cuestionados con rigor y en profundidad. Falsas ideas que se caen a la luz de una reflexión detallada y serena. Porque si fueran ciertas, no estaría yo escribiendo esto y tú leyéndolo. No estaríamos ya aquí.

Todas las creencias que hemos ido construyendo a nuestro alrededor, y que ahogan nuestra alegría, son como una coraza de la que hay que deshacerse porque, de lo contrario, pueden convertirse en verdaderas profecías de destrucción masiva.

Se cuenta que una vez preguntaron a Miguel Ángel cómo lograba hacer aquellas esculturas tan divinamente bellas. El genio renacentista respondió que las figuras ya estaban dentro de la piedra; lo único que él hacía era descubrirlas, «quitar lo que sobra», decía. Esto nos ofrece un método muy eficaz para deshacernos de todo lo que aprisiona nuestra alegría.

Amigo, te pido que dediques un minuto de tu tiempo a responder a estas preguntas:

1. ¿Cuáles son tus creencias o prejuicios que impiden que fluya libremente la dicha?
2. ¿Qué personas empobrecen tus reservas naturales de alegría?
3. ¿Qué actividades no obligadas te entristecen o te roban la energía?

Una vez que te hayas atrevido a contestar, toma un martillo y una escarpa simbólicos y quita todo lo que sobra. Cuando lo hagas, descubrirás que dentro de ti siempre han vivido la belleza, el amor y la alegría.

Todo el mundo tiene la capacidad de convertir su vida en una obra de arte, simplemente quitando lo que sobra. Y no hay que desanimarse si la piedra no cede ante los primeros martillazos, ya que «lo que es» puede revelarse más tarde, en el momento menos pensado.

Esa fue la experiencia de otro ser humano extremadamente lúcido, del que dicen ser un maestro, aunque él simplemente no se define como tal. Su nombre es Tony Parsons, y «rompió la cáscara» cuando tenía veintiún años, de manera inesperada, regalada, en un momento tan cotidiano como este:

Un día estaba caminando por un parque de las afueras de Londres. De repente, me di cuenta mientras andaba de que mi mente estaba totalmente ocupada con expectativas sobre eventos futuros que podían o no suceder. Entonces decidí dejar de lado estas proyecciones y simplemente prestar atención a mis pies. Al hacerlo, me di cuenta de que cada uno de mis pasos era totalmente único en la sensación y la presión. Supe que lo que ahora existe desaparece un instante más tarde, ya que nunca se repite nada de la misma manera.

Este pensamiento hizo que le embargaran una serenidad y una lucidez absolutas. Algo había cambiado su vida para siempre. Años después, describiría así su experiencia:

Todo es muy simple, ciertamente. Lo que nosotros somos es solo el trasfondo, asentado justamente ahí, esperando a que

nos detengamos en alguna parte y veamos el asunto. Una vez que acontece esto, entonces comenzamos a tener una percepción diferente sobre lo que nosotros somos.

Amigo mío, he empezado a entender que la alegría no es solo una emoción, ¡es mucho más que eso! En realidad es nuestra identidad y nuestra naturaleza esencial, que se expresa cuando el ego (es decir, cuando nuestros miedos, vanidades y creencias limitantes) y lo mental (nuestro parloteo interior incesante) no la tapan. ¿No es toda una revelación?

A veces vivimos de forma tan inconsciente, con tanto miedo, angustia, ansiedad, culpa, rabia, anticipación... que la alegría queda tapada, enterrada, ignorada. ¿Te has parado a pensar por qué vibramos de contento cuando alguien a quien queremos nos abraza, o cuando nos sorprende, por ejemplo, una de nuestras melodías o canciones favoritas? Lo que sucede es que entonces nos desnudamos del miedo, la rabia o la culpa, y surge aquello que en realidad somos.

Lo mismo ocurre cuando ves una película divertida y te olvidas de todo lo demás para dar rienda suelta a la alegría. Ella nunca te ha abandonado, amigo. Por mucho que insistas en no querer verla, siempre ha estado ahí, esperando recibir el permiso de ser liberada.

Te envío un sentido abrazo.

Y. M.

INVITACIÓN A LA ALEGRÍA

1. Revisa las creencias que rigen tu vida. ¿Cuáles te ayudan a avanzar y cuáles te frenan?

2. Las que pertenezcan a la segunda categoría, las que sientas que te frenan o limitan, sustitúyelas por una afirmación de carácter opuesto y anótalas en un papel.

3. Lee y reflexiona en profundidad, sin miedo y con sinceridad sobre estas afirmaciones durante veintiún días (por ejemplo, al levantarte cada mañana). No se trata de que las repitas como un loro, sino que reflexiones sobre la posible verdad que contienen. El ejercicio de reflexión sincera ayudará a que lentamente vayan cayendo falsas creencias limitantes y surja el espacio a nuevos permisos para la alegría compartida.

LO NATURAL ES ESTAR ALEGRE

Lo natural es estar alegre

Querido amigo,

Llevas demasiado tiempo sin salir de casa. ¿Has tomado conciencia de cuándo empezó tu encierro? Quizá no seas consciente de ello, pero desde que te dejaste llevar por la tristeza te has encerrado en tu caparazón como un molusco.

Me dirás que sí sales de casa, para ir a trabajar o al supermercado, pero yo me refiero a otra clase de salidas. ¿Cuánto tiempo hace que no te dejas abrazar por la naturaleza?

No es casualidad que en las ciudades se den muchos más casos de depresión o de apatía que en el campo, donde el ser humano late con el ritmo natural de la vida. Esto me hace pensar en una famosa reflexión de Henry David Thoreau, que, en 1854, decidió dejar la ciudad para reencontrar la alegría perdida. Permaneció en una cabaña en el bosque durante dos años, dos meses y dos días. En su diario escribiría lo siguiente:

Fui a los bosques porque quería vivir deliberadamente; enfrentar solo los hechos de la vida y ver si podía aprender lo que ella tenía que enseñar. Quise vivir profundamente y desechar todo aquello que no fuera vida... para no darme cuenta, en el momento de morir, de que no había vivido.

Si nuestra naturaleza es alegría, sencillez y serenidad, es justamente en la naturaleza donde encontraremos todo eso en versión original no manipulada.

Por una cuestión de afinidad y resonancia, un paseo por los bosques nos devuelve a lo esencial. De repente, nos sentimos bien porque ahí las cosas «son como son». No hay artificios; los árboles no están pintados, no posan, no impostan, no mienten... Están allí para que contemplemos su humilde majestuosidad, para que disfrutemos de su color y sombra, del canto de sus hojas al viento, del maravilloso olor de su madera, para que tomemos sus frutos o para que simplemente acariciemos su corteza, para que los abracemos incluso.

Por cierto, ¿cuánto hace que no hueles la corteza viva y humedecida por la lluvia de un árbol, o que no lo acaricias o lo abrazas, querido amigo? ¿A qué estás esperando? No tienes que ir muy lejos. Incluso un paseo por un jardín de tu ciudad puede devolverte el aliento perdido.

Al estar en contacto con la tierra, sentirás que «eso eres tú». La naturaleza te dice que no necesitas hacer nada para pertenecer y ser amado. La fuente te da agua, respiras aire puro y, como reza el proverbio hindú, «el árbol no niega su sombra ni al leñador».

En lo orgánico de sus formas, en lo visual y olfativo, la naturaleza nos ofrece una experiencia sensorial que relaja nuestro espíritu: la tierra mojada, los árboles con sus flores y frutos, el viento en nuestro rostro, las fuentes, los ríos y los arroyos con el agua portadora de vida, las nubes que pasan y nos admiran con sus formas y colores, siempre cambiantes. Estas experiencias tan esenciales, y a la vez tan desatendidas, activan las hormonas de la felicidad, nos inspiran y elevan.

No hay medicina como la naturaleza, que serena e ilumina nuestro espíritu. Biológicamente, estamos hechos para vivir en un entorno natural, no para habitar un bloque de hormigón. Por eso, al caminar por los bosques, contemplar el mar, pasear por la playa, o incluso contemplar la tierra sembrada, regresamos a nuestro hogar más profundo, a la patria donde reside la plenitud y la alegría. Y es en ese hogar donde nos podemos permitir ser nosotros mismos, sin buscar la aprobación de nadie. Porque la naturaleza «es como es», sin artificios, y te permite también a ti ser como eres.

Cuando tus pies empiecen a caminar sobre la verde hierba, el fresco arroyo, la arena de la playa o del mar, te llenarás de vida, tu coraza caerá de inmediato. Pero de eso te hablaré en una próxima carta, querido amigo.

Naturalmente tuyo,

Y. M.

INVITACIÓN A LA ALEGRÍA

1. Fija unos minutos al día para estar al aire libre, respirando lentamente, contemplando la belleza de lo que te rodea o paseando con calma.

2. Introduce elementos naturales en tu casa, en tu oficina, o en ambas: plantas de interior, flores, incluso fotografías que evoquen el mundo natural.

3. Regálate una mañana o una tarde cada semana para estar en contacto con la naturaleza. No lo hagas solo de manera contemplativa, sino huele la hierba mojada, toca el tronco del árbol o el agua del arroyo, siente la brisa de la primavera en tu cara y manos, o la caricia de la arena de la playa en tus pies, y recarga tus pilas vitales desde las sensaciones que, sin duda, regalan alegría.

LA MAGIA DE PASEAR

La magia de pasear

Querido amigo,

¿Has puesto ya en práctica lo que te pedía en mi anterior carta? La madre naturaleza te está esperando para acogerte y dar oxígeno a tu cuerpo y tu alma. Además, al mover las piernas, moverás también las ideas, y eso es justamente lo que necesitas para salir del pozo: tomar las decisiones correctas para tu nueva vida.

Cuando andas, cada paso es único e irrepetible, como decía Tony Parsons. Tal vez por eso muchos grandes filósofos de la historia eran grandes paseadores. Lo explica Fréderic Gros en su ensayo *Andar, una filosofía*. Kant, Rousseau, Rimbaud y Nietzsche eran devotos del paseo. Al estar en movimiento, contemplando la naturaleza al aire libre, lograban que fluyeran las ideas que luego reflejaban en sus libros.

Échate a andar y movilizarás ideas sorprendentes, inesperadas, a la vez que mejorarás tu salud física y emocional.

Hay algo mágico cuando nos ponemos en marcha. Una de las muestras más extraordinarias de ello sería la aventura de Werner Herzog, tal como lo consignó en su diario *Del caminar sobre hielo*. El cineasta alemán emprendió un extraño viaje a pie desde Múnich a París, casi sin preparativos y en pleno invierno. En una nota preliminar explica que decidió iniciar aquella difícil travesía tras recibir malas noticias sobre la salud de una gran crítica cinematográfica:

Un amigo parisino me llamó por teléfono a fines de noviembre de 1974. Me dijo que Lotte Eisner estaba muy enferma y que sin duda iba a morir. Le respondí: «No es posible. No en este momento.» El cine alemán no podía prescindir todavía de ella, no debíamos permitir que muriera. Tomé una chaqueta, una brújula, una bolsa de deportes y los enseres indispensables. Mis botas eran tan sólidas, tan nuevas, que merecían mi confianza. Me puse en camino hacia París por la ruta más directa, convencido de que, yendo a pie, ella sobreviviría.

El diario de Herzog narra su agotadora andadura sobre el hielo a lo largo de tres semanas. En su odisea le sucedieron toda clase de percances, llegando a ser detenido por la policía, que sospechaba de aquel caminante muerto de hambre y frío.

Al llegar a la periferia de París, necesitaría un día entero para llegar hasta el domicilio de Lotte Eisner.

NOTA IMPORTANTE: Querido amigo, si tienes la intención de leer alguna vez Del caminar sobre hielo, *abandona la*

lectura de esta carta, ya que estoy a punto de revelar el final de esta historia. Si necesitas saber ahora mismo cómo terminó la aventura de Herzog, esto es lo que escribía en su diario de caminante el 14 de diciembre de 1974.

Cada vez que releo esta última página de su cuaderno se me llenan los ojos de lágrimas:

Me queda por añadir lo siguiente: fui a ver a la Eisnerin. Estaba aún extenuada y marcada por la enfermedad. Seguramente, alguien le había dicho por teléfono que yo había venido a pie, pero yo no quería decírselo. Estaba molesto y deposité mis piernas doloridas sobre una segunda silla que ella me había acercado. En mi turbación, una frase acudió a mi mente, y puesto que la situación ya era de por sí extraña, se la dije: «Juntos coceremos un fuego y detendremos los peces». Entonces ella me miró con una fina sonrisa, y puesto que sabía que yo era de los que caminan, y estaba desamparado por lo tanto, me comprendió. Durante un breve y delicado instante, algo muy dulce traspasó mi cuerpo agotado. Le dije: «Abra la ventana, desde hace unos días puedo volar».

Tu compañero en el camino,

Y. M.

INVITACIÓN A LA ALEGRÍA

Incorpora a tu vida el paseo creativo, aquel orientado a despejar la mente y poner en movimiento nuevas ideas. Puedes practicarlo incluso en tu camino al trabajo, eligiendo rutas o medios de transporte alternativos para romper con la rutina y dejarte sorprender por lo nuevo.

En la medida de lo posible, añade más actividad a tus piernas (también puedes hacerlo yendo en bicicleta), a tu vida, en lugar de desplazarte siempre en un vehículo. Piernas alegres son corazón alegre. Corazón alegre es cabeza alegre.

EL CANTO DE UN PÁJARO

El canto de un pájaro

Querido amigo,

Voy a ser más breve esta vez, porque debo marcharme dentro de un momento. Antes, sin embargo, necesito contarte algo.

Hoy, mientras me estaba despertando, me ha llegado al corazón el canto de un pájaro desde un árbol cercano. Al escuchar su misterioso trino, aún de madrugada, he pensado en el hijo de Kenzaburo Öe, premio Nobel de Literatura.

Hikari Öe nació con hidrocefalia y con unas deficiencias de desarrollo que auguraban lo peor. Los propios médicos aconsejaron a sus padres que dejaran morir al bebé, pero ellos se negaron. Después de ser operado, el pequeño quedó impedido visualmente, además de padecer epilepsia y graves problemas para coordinar sus movimientos. Su capacidad para hablar era casi nula.

Una tarde en que Hikari paseaba con sus padres por el jardín, de repente oyó cantar a un pájaro. Conmovido, el niño empezó a imitarlo con total precisión. Lleno de asombro, Kenzaburo le compró grabaciones de cantos de pájaros para que el niño pudiera escucharlos en casa.

Al observar el gran interés que despertaba la música en Hikari, sus padres decidieron contratar a un profesor de piano. Fascinados, comprobaron cómo aquel niño que no podía hablar lograba expresar sus sentimientos a través de la música. Muy pronto empezó a componer piezas que luego grabó en discos que hoy son de culto.

Hikari Ōe es actualmente un compositor muy apreciado en Japón y en todo el mundo, e inspiró a su padre la novela *Un asunto personal*, que fue clave para obtener el más importante galardón literario.

Al rememorar ahora esta historia de amor y superación, me doy cuenta de que todo empezó con el canto de un pájaro.

¿Sabes lo que he pensado esta mañana? El pájaro que cantaba de madrugada quizá siempre haya estado ahí y yo no sabía escucharlo. Algo parecido sucede con la alegría, que está dentro de nosotros, pero a veces no queremos prestarle oídos. Como dice un proverbio chino: «No importa lo difíciles que sean los tiempos, lleva una rama verde en tu corazón y un pájaro cantor se posará en ella».

Gracias por seguir aquí.

Y. M.

INVITACIÓN A LA ALEGRÍA

1. Escucha los discos de Hikari Öe, aunque sea por YouTube, y anota los sentimientos que despiertan en tu interior.

2. Encuentra otros compositores y discos con la capacidad de hacer brotar en ti los sentimientos más elevados: de la alegría al entusiasmo, de la ternura a la admiración por el talento que nos regala la belleza de una pieza musical que nos conmueve.

3. Crea listas en Spotify o en tu biblioteca de iTunes con piezas que saquen lo mejor de ti.

CUATRO PREGUNTAS QUE PUEDEN CAMBIARTE LA VIDA

Cuatro preguntas que pueden cambiarte la vida

Querido amigo,

Hoy he estado recordando mis lecturas de cuando iba a la universidad. En aquella época, de repente me entró la curiosidad de indagar en todas las escuelas espirituales; leí el *Tao Te Ching*, fui a cursos de filosofía sufí, de meditación zazen y vipassana, leí y releí la Biblia... Al revisar mis notas, me di cuenta de que todas estas tradiciones vienen a decirnos que hay una relación directa entre la alegría, la serenidad, la contemplación y la entrega a los demás.

Cuando miramos al mundo y a nosotros mismos sin el filtro de nuestras preocupaciones y prejuicios, logramos contemplar nuestra naturaleza esencial, que emana de la alegría serena de la creación. Todo lo demás son añadidos que nos limitan.

Explicado de un modo fácil: la vida es un sol que, hasta el fin, nunca se apaga. Somos nosotros, con nuestros pensamientos, quienes tapamos ese sol de la alegría con nuestros nubarrones y tempestades mentales.

Pensaba en todo esto hoy mientras leía *Amar lo que es*, un libro de Byron Katie que me habían regalado hace tiempo y que aún no había abierto. Byron Katie desarrolló su método, que denomina simplemente «El Trabajo», después de sufrir una grave y larga depresión. Durante un tiempo, sumida en una profunda depresión, se quedó enclaustrada en su casa, llegando a plantearse la idea del suicidio. Pero en ese momento tan aciago, algo cambió en ella. Descubrió que el sufrimiento venía cuando no aceptaba aquello que la rodeaba. Concluyó que, en realidad, el mundo no le causaba ningún daño, sino que era su reacción ante el mundo lo que le provocaba dolor.

Como dice esta lúcida mujer, «los pensamientos que hieren son aquellos que no van de acuerdo con lo que es, con la realidad». La mente clara acepta la realidad y no se sume en el sendero interminable de los pensamientos negativos que se alimentan continuamente de sí mismos.

Para disipar esos nubarrones, «El Trabajo» es un método que parece muy simple y eficaz. Solo tienes que escribir en un papel aquellos pensamientos que te provocan estrés o angustia. Todo eso forma parte de una idea propia, y esa idea debe ser diseccionada para eliminar de tu vida cualquier carga negativa, una vez identificada.

Para ello disponemos de cuatro preguntas fundamentales que aíslan lo negativo de nuestro pensamiento:

1. ¿Es verdad? (Sí o no; si es no, se pasa a la tercera pregunta).
2. ¿Puedes absolutamente saber que eso es verdad? (Sí o no.)

3. ¿Cómo reaccionas cuando crees en ese pensamiento?

4. ¿Quién serías sin ese pensamiento?

La primera pregunta nos lleva a cuestionarnos la veracidad del problema, hasta darnos cuenta de que vivimos en un pensamiento creado por nosotros mismos.

La segunda pregunta difícilmente tendrá una respuesta afirmativa si indagamos y observamos el mundo desde una perspectiva más amplia.

Cuando pasamos a analizar la reacción que provoca en nuestro interior dicho pensamiento, como sugiere la tercera pregunta, ponemos el foco en nuestra forma de pensar. ¿Qué nos provoca aquello que pensamos? Al responder a esta cuestión, encontramos luz y argumentos para detener la agresión emocional que, muchas veces, sufrimos por pensar negativamente.

Para acabar, la cuarta pregunta es una puerta a transformar tu forma de vivir. Una vez que abres los ojos a la realidad, en la que muchas veces crees sin prácticamente darte cuenta, el milagro de la vida vuelve a ti.

Como decía Balzac: «Aunque nada cambie, si yo cambio, todo cambia».

Un abrazo, con los ojos abiertos.

Y. M.

INVITACIÓN A LA ALEGRÍA

Aplica el método de «El Trabajo» de Byron Katie cada vez que sientas que te domine algún pensamiento o emoción negativa:

1. ¿Es eso verdad?
2. Si crees que lo es, ¿puedes saber absolutamente que eso es verdad?
3. ¿Cómo reaccionas cuando das crédito a ese pensamiento, cuando crees que es cierto?
4. ¿Quién serías tú sin ese pensamiento?

AMAR DESDE LA LIBERTAD

Amar desde la libertad

Querido amigo,

Tratando de poner orden en mi biblioteca, hoy ha caído en mis manos una rareza que recibí hace unos años de un amigo. Se trata de un ensayo titulado *Los hombres son como peces*, en el que Steve Nakamoto compara el arte de pescar y el esfuerzo que supone encontrar a la pareja adecuada.

Sé que llevas tiempo solo, y que desconfías de todo lo que tiene que ver con las relaciones humanas, así que quiero darte algunas claves de este autor de origen japonés.

Para Nakamoto, tanto los utensilios como los momentos clave de esa actividad son los valiosos pasos de un aprendizaje que nos lleva hacia el pez del amor. Además, nos muestra cómo evitar las malas y ruidosas prácticas que asustarán a nuestra captura:

1. La caña de pescar. Para ganarnos la confianza del otro, antes hemos de ser capaces de sostener nuestra propia confianza, es decir, tener una autoestima sana.

2. El sedal. El éxito de la captura viene determinado por el hilo de la conversación, pues si está «blando», si alargamos demasiado una conversación sin sustancia, perdemos atracción y se hace improbable que alcancemos nuestra meta. Por el contrario, un hilo tenso tampoco nos interesa, puesto que también puede provocar que nuestra captura se zambulla en las profundidades. Lo ideal es tensar el sedal con la suficiente sutileza para que el pez no se asuste y sienta la atracción del carrete.

3. El anzuelo. Es aquello que nos «engancha» a la otra persona, por lo que es la esencia del arte de la seducción. Si queremos que nuestra captura sea emocionalmente duradera, no podremos poner cualquier cosa en el anzuelo, sino que tendrá que ser lo bastante nutritivo como para llevar al pez a morder y desear seguir comiendo de él.

Así pues, según Nakamoto, lanzar el anzuelo es el primer paso para tener éxito en las relaciones, pero nuestra actitud y desempeño con las herramientas (caña, sedal y anzuelo) serán determinantes para pescar el amor.

Los peces se asustan ante la brusquedad, mientras que la naturalidad y la serenidad hacen que se aproximen sin presión ni miedo. Nuestro lenguaje corporal y verbal debe ser medido y agradable, en vez de intimidatorio o distante. Una relación incipiente se sustenta en todos estos factores.

Nakamoto cree que el arte de la pesca, y el de la seducción, no solo son útiles cuando vamos en busca de pareja, sino también para cultivar amistades saludables y duraderas, pues ¿cuántas veces habremos hecho responsable al otro de nuestras exigencias y felicidad? ¿Cuántas relaciones habremos roto por el agobio mutuo y los malos rollos innecesarios? Cuando en una relación se pierde la alegría, estar juntos se convierte en un pacto forzado, en un auténtico campo de batalla.

Tal vez tu progresivo alejamiento del mundo se debió a que tejiste una red de dependencias y apegos que hicieron que te fuera imposible moverte con libertad. Entonces, querido amigo, preferiste la soledad al reto de estar con los demás. Pero ahora ha llegado el momento de que te atrevas a caminar junto a otros desde la alegre complicidad, ¿no crees?

Sobre esta cuestión, Fritz Perls, el creador de la Gestalt, escribió una suerte de oración que dice así:

Yo soy Yo,
Tú eres Tú.
Yo no estoy en este mundo para cumplir tus expectativas.
Tú no estás en este mundo para cumplir las mías.
Tú eres Tú,
Yo soy Yo.

Si en algún momento o en algún punto nos encontramos

Será maravilloso
Si no, no puede remediarse.

Este texto inspirador de Perls es una invitación a responsabilizarnos de nuestra propia alegría, sin endosar a otros ni proyectar en ellos nuestras exigencias. Aquello que necesita tu alma solo puedes dártelo tú mismo. Nadie cumplirá tus expectativas por ti. Como mucho podrán acompañarte con paso silencioso en tu propio camino, a la vez que realizan el suyo.

El existencialista Albert Camus resumió esta misma idea a su manera con estas líneas llenas de luz y sabiduría:

No camines delante de mí, puede que no te siga.
No camines detrás de mí, puede que no te guíe.
Camina junto a mí y sé mi amigo.

Un abrazo de alegre libertad.

Y. M.

INVITACIÓN A LA ALEGRÍA

Revisa el vínculo que tienes con tus amigos, tu pareja y tu familia, y hazte las siguientes preguntas:

1. ¿Son relaciones equilibradas o tiendes a adoptar un determinado papel que te pone en una situación débil o dominante? En definitiva, ¿tiendes a ser víctima, salvador o perseguidor, o adoptas una relación libre de juegos emocionales intensos?
2. ¿Este tipo de relación es nutritiva para ambas partes?
3. Si no lo es, ¿de qué modo puedes cambiarla por el bien de todos?

QUIEN CRITICA SE CONFIESA

Quien critica se confiesa

Apreciado amigo,

Quisiera compartir hoy contigo una carta distinta, basada en un par de breves cuentos de la sabiduría popular. Al final de la carta, verás el porqué. El primero de los cuentos dice así:

Érase una vez un anciano muy sabio que reposaba, sentado en una roca, al lado de la puerta principal de una importante ciudad del desierto. Aquella ciudad era un oasis, donde los viajeros y los comerciantes iban y venían, por lo que aquel anciano pasaba sus días distraído y en paz.

Un buen día, un viajero se acercó al sabio, pensando que aquel venerable local podría responder a sus preguntas sobre la gente de la ciudad, y así decidir si vivir ahí o seguir en su búsqueda de un buen lugar.

—Dígame, señor, ¿qué podría decirme de la gente que vive en este lugar? —preguntó el viajero.

El anciano lo miró fijamente y, con una ligera sonrisa que se percibía bajo su larga barba, respondió:

—Antes, dígame usted algo. ¿Qué opina de los vecinos de la ciudad de la que viene?

—¡Muy malos todos! —exclamó el viajero, airado—. Nadie se podría fiar de semejantes personas. Son vagos, egoístas y mentirosos, ¡por eso me fui de allí para no volver y busco un sitio mejor para vivir!

—Siento oír eso —dijo el sabio—. Y también siento decirle que lo mismo encontrará en esta ciudad...

El viajero, al oír eso, dio media vuelta, triste y resignado, y decidió no entrar en la ciudad y proseguir su viaje en busca de un mejor lugar donde vivir.

Ese mismo día, un poco más tarde, llegó un segundo viajero, más joven y risueño. Al ver al sabio sentado en la roca, decidió preguntarle antes de entrar:

—Señor, quiero entrar en esta ciudad para vivir, crear un pequeño negocio y prosperar, pero quisiera saber cómo son sus gentes. Le agradecería mucho cualquier información que me ofreciera sobre ellos.

—¡Por supuesto que lo diré! —saltó el anciano—. Pero antes contéstame, muchacho, ¿cómo son aquellos que viven en la ciudad de donde vienes?

—Buena gente, por lo general —dijo el joven, sin pensarlo mucho—. Hay de todo, igual que en todos los sitios, pero la mayoría intenta prosperar con lo que tiene. Algún mangante hay, pero incluso se vuelven afables según cómo se les trata. Se podría contar con ellos, no hay duda.

El anciano sonrió y, después, respondió al viajero:

—¡Bienvenido a la ciudad, amigo! Estas calles te esperan, pues en ellas encontrarás muy buena gente, la misma que en tu ciudad de origen. ¡Buena suerte!

Ya ves, querido amigo, poca explicación más requiere este breve y potente relato. Dice el aforismo: «Ten cuidado con cómo miras el mundo, porque el mundo será como lo mires». O como afirmaba, lúcido, Baltasar Gracián: «Quien critica se confiesa».

En otro brevísimo relato, el extraordinario poeta persa Rumi amplía esta misma idea con la historia de un caminante en el desierto que no destacaba precisamente por su belleza.

Un viajero de la Antigüedad, sucio y descalzo, cuyas únicas posesiones eran unos harapos y un bastón, caminaba por la playa. A su lado, vio algo brillante. Aunque fuera una baratija, ya sería una riqueza mayor que todas sus posesiones juntas. Se trataba de un trozo de metal lleno de arena, así que lo limpió con su ropa, y resultó ser un fragmento quebrado de espejo. Lo miró fijamente, sorprendido y distante a la vez, pues nunca había visto otro antes. Solo en el momento de verse reflejado en él exclamó:

—¡Por todos los dioses, es horrible! No me extraña que hayan tirado semejante aberración.

Lo arrojó bien lejos y, aún asustado por la visión que acababa de presenciar, prosiguió su camino.

En muchas ocasiones, el otro no es nada más que un reflejo de aquello que queremos mantener oculto, pues criticamos a alguien por lo que, en lo más profundo, nos identifica. Pero eso que tanto nos enerva también nos puede ayudar a cambiar hacia mejor, incluso sin saberlo.

¿Acaso no proyectamos en los demás aquellas preocupaciones que nos acompañan? ¿Cuándo tomaremos conciencia de la frustración y la tristeza por la que culpamos a los demás? Debemos evitar, en definitiva, etiquetar a otro con aquello que no nos gusta de nosotros mismos, asumiendo los propios actos para proyectar alegría y no el mal.

Se trata de dos cuentos que dan mucho de sí, como has podido comprobar. En efecto, cuando criticamos, nos confesamos.

Frente a ello, me quedo con la postura del joven del primer cuento. Aquel al que el anciano augura un futuro feliz porque, como digo a menudo, quien se entrega con alegría ya tiene, por lo menos, alegría.

Recibe un abrazo libre de proyecciones.

Y. M.

INVITACIÓN A LA ALEGRÍA

1. Si de vez en cuando se te escapan críticas contra los demás, así como contra ti mismo, empieza estableciendo un día a la semana en el que te prohibirás hablar mal de nada y de nadie, incluido tú mismo. La propuesta es que un día a la semana practiques ayuno de crítica, ayuno de etiquetas negativas propias y hacia los demás.

2. Tras llevarlo a cabo, al final del día observa cómo te sientes.

3. Si ha mejorado tu ecología interior, amplía progresivamente los días de veto a la negatividad hasta cubrir toda la semana. Verás qué liberador es dejar de juzgar y simplemente procurar aceptar y comprender.

«DES-CUBRIR» LA ALEGRÍA

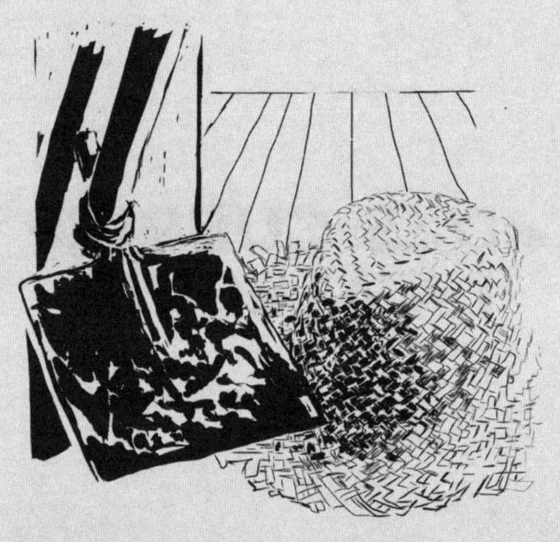

«Des-cubrir» la alegría

Querido amigo,

Hoy deseo escribirte sobre otro viejo amigo, alguien a quien recuerdo con cariño y admiración por su capacidad de «des-cubrir» la alegría, de destaparla y hacerla evidente allí donde otros no eran capaces de verla. Se llamaba José, y falleció hace ya un tiempo con casi cien años de vida.

José era un humilde campesino que vivía con sencillez. Era un hombre bueno y sabio, un maestro de vida que encontré en mi infancia, y con el que compartí largas conversaciones durante la adolescencia. Era capaz de tropezar con la belleza allí por donde fuera; la encontraba en lo pequeño y cotidiano: desde el insecto posado en el agua a la espiga de trigo y al reflejo del sol en una gota de rocío. Era un hombre desnudo de proyecciones, o eso me parecía a mí.

Lo caracterizaba esa mirada que reconocía el milagro de la vida y la gracia en cualquier cosa, por simple que fuera. Sabía ver, pues era un hombre esencialmente alegre.

Su capacidad de asombro permitía que la vida fluyera a través de él, sin cristalizar ni estancarse. No conceptualizaba aquello que veía, sino que su mirada venía desde la alegría y la curiosidad interior y pura, del amor a lo cotidiano, de esa mirada inocente y estética en la simplicidad. Esa forma de ver que perdemos al crecer y nos acompaña durante los primeros años, aunque debiera caminar a nuestro lado toda la vida.

José era capaz de descubrir paraísos y tesoros en lo obvio, con una mirada activa, que ejercía el despertar permanente, indagando y descubriendo de un modo apreciativo, observando el detalle. Y todo ello porque era un hombre bueno, generoso, sobrio y con una belleza natural y transparente, la misma que captaba su mirada en todo lo que había a su alrededor.

Su vida no había sido fácil y tenía más surcos en las manos que las tierras que araba para poder comer. En sus carnes sufrió la miseria y el hambre, trabajó siempre de sol a sol y apenas sabía leer. Pero ese sufrimiento nunca manchó su sonrisa ni la alegría que regalaba a todos los que lo conocíamos. A pesar de todo, no era un ingenuo, y tampoco se convirtió en un cínico, quizá porque su alegría era una elección consciente que realizaba a diario. Es posible que tras vivir tanto horror y miseria en la guerra civil, y después de acabada la contienda, decidiera sembrar entrega y serenidad el resto de su vida.

Era un ser humano sencillo, desprendido, trabajador, amable y discreto que arreglaba aquello que se estropeaba y contribuía siempre que podía. Recuerdo el gran amor que profesaba a su mujer e hijos, y también a las gentes que todavía hoy labran su vida en aquellos campos.

Puede que José fuera el tipo de hombre que pasa inadvertido entre la multitud, pues su aspecto era humilde y no ostentaba conocimientos ni lujos, pero su alma era una de las más luminosas que he tenido el privilegio de conocer. Tuve suerte de encontrarlo y estar cerca de su clan; aunque muchas veces pienso que fue él quien me halló a mí.

Él apreciaba aquello que muchos despreciamos porque nos viene regalado, esa belleza que nos rodea e ignoramos o afeamos con nuestra propia forma de mirar. Pues «des-cubrir» es dejar de cubrir, de ocultar. Para descubrir algo nuevo, antes nos hemos de permitir descubrirnos a nosotros mismos, dejar de tapar lo que hay en nuestro interior. Y ya sé, querido amigo, que no es un ejercicio fácil, ya que requiere de la capacidad de guardar silencio, del hábito de la presencia consciente, de la humildad fértil, de todos esos hábitos sutiles y difíciles de integrar, a la vez que poderosos; para «des-cubrir» hemos de elegir la alegría.

Las búsquedas más importantes, aquellas que parecen llevarnos lejos, hacia lo desconocido, ¿no acaban por mostrarnos que eso que anhelamos ya existe, pues lo tenemos dentro? Los paraísos perdidos, el mayor tesoro enterrado está en nuestro interior, y solo desde allí, invocando lo mejor de nosotros, invitando al otro, intuimos y observamos la belleza y el sentido de lo que nos rodea de una forma consciente; más de lo que podemos imaginar, a pesar de lo que los poderosos se esfuercen por hacernos creer.

Porque, querido amigo, solo la buena gente, las personas que son bellas por dentro, sencillas y humildes, tienen el don de enseñarnos a descubrir, de hacernos creer. Qué bonitas palabras... «Des-cubrir» la alegría.

Te mando un nuevo y descubierto abrazo.

Y. M.

INVITACIÓN A LA ALEGRÍA

1. ¿Cuáles han sido los grandes maestros o maestras de tu vida? Haz memoria de aquellas personas que fueron básicas en tu formación y que recuerdas con profundo cariño y admiración. Gente que, además, inspiraba en ti una inmensa confianza.

2. Trata de resumir lo que te enseñaron. Escríbeles una carta en la que expreses todo cuanto sientes que aprendiste de ellas. Finalmente, y si lo sientes posible, sintetiza en una frase las lecciones de vida que aprendiste de cada persona.

3. Escribe estas máximas en un lugar visible (por ejemplo, en tu escritorio), de modo que tengas presente cada día a tus maestros de vida.

LA ALEGRÍA DE TRANSFORMARSE

La alegría de transformarse

Te saludo de nuevo, viejo amigo.

En mi misiva anterior te decía que la alegría está aquí y ahora, pero no nos permitimos verla. También podemos encontrar una gran alegría en el proceso de transformarnos.

Un escritor de referencia para mí es Rabindranath Tagore, que a este respecto escribió: «La lección más importante que puede aprender un ser humano en su vida no es que ciertamente hay dolor en este mundo, sino que depende de sí mismo transformarlo en algo positivo, que es capaz de convertirlo en alegría». Es imposible expresarlo mejor. Y sobre este principio deseo hablarte en esta carta.

Siempre que voy a algún encuentro sobre transformación o crecimiento personal, no hago más que escuchar la misma pregunta: ¿Cómo puedo cambiarme a mí mismo? Pero, en realidad, ¿quién pregunta? ¿Nuestro yo miedoso o el valiente?

Si pregunta el yo miedoso, la parte a la que le aterroriza la idea del cambio y no se cree capaz de lograrlo, lo que deberíamos exclamar, en su lugar, es: «¡Cómo puedo cambiarme!». Al encarar la tarea desde aquí, se vuelve titánica, pero no por ello imposible. El peaje que habrá que pagar será elevado, eso sí, pues no hay cambio sin esfuerzo. Aun así, nadie asegura el cambio. Sin embargo, si es el yo audaz el que pregunta, todo es diferente. Porque esta es la parte de la acción, no la de los discursos mentales.

Pero ¿cómo podemos cambiarnos? Lo primero es salir de la zona de confort, hacer algo nuevo, para que puedas transformar aquello que piensas que eres o quieres ser. El cambio no es más que decidir y actuar, una revolución consciente de nuestras creencias.

¿Y cómo hacerlo? Actuar y procurar estar despierto es fundamental. Así no se duda permanentemente, sino que se reflexiona, se estudia un plan de acción y, después, se rema sin descanso hasta llegar al puerto deseado.

Así pues, quien actúa de este modo, vive en un permanente dilema: «Desconozco mi futuro, pero quiero lograrlo. Puede que fracase, pero la vida me entregará todos los regalos mientras camine: enseñanzas, experiencia, nuevos amigos... Los tesoros se logran cuando se persigue un sueño, mientras uno se aventura en lo desconocido, no esperando que llamen a nuestra puerta».

Loados sean por su consciencia los valientes que habitan la incertidumbre, porque ellos ofrecen a los demás algo mejor, ya que intentan conquistar lo imposible. Y algunos lo logran. La vida quizá sea eso, una conquista de los horizontes lejanos que mañana serán la realidad de otros y que, paso a paso, mejoran la vida de este mundo. Ya lo decía Jung: «La vida no vivida es una enfermedad de la que se puede morir». Y así es.

Vivamos pues. Vive entonces, querido amigo. Decídete a vivir, atrévete a vivir. No autolimites tu crecimiento, pues solo hay dos obstáculos insalvables en esta vida: la muerte y la incertidumbre. Convierte entonces a la vida en tu aliada antes de que ambas te venzan. Vale la pena, literalmente, y te va la vida en ello.

Recibe un abrazo transformador.

Y. M.

INVITACIÓN A LA ALEGRÍA

La célebre «Plegaria de la serenidad» de Reinhold Niebuhr dice: «Señor, concédeme serenidad para aceptar todo aquello que no puedo cambiar, fortaleza para cambiar lo que soy capaz de cambiar y sabiduría para entender la diferencia».

Identifica aquello en tu vida que quieres y puedes cambiar, porque depende de ti, y si ese es tu deseo, ponte manos a la obra para la transformación.

LAS FLORES DE LA ALEGRÍA

Las flores de la alegría

Querido amigo,

¿Has abierto ya las ventanas a este radiante día?

Recuerdo que hace unos años estuve en Colliure, una pequeña población costera de la Cataluña francesa donde está enterrado Antonio Machado. Indagando sobre su vida, descubrí que cuando lo encontraron muerto, el 22 de febrero de 1939, en un bolsillo de su gabán hallaron un último poema de una línea: «Estos días azules y este sol de la infancia».

Cuando evoco los cielos azules de mi infancia, enseguida me viene a la mente el jardín de mi abuelo. Allí pasaba las horas mientras mis padres dormían la siesta, viendo cómo aquel hombre cuidaba con pasión sus flores. Y precisamente sobre las flores y su cuidado quiero hoy escribirte como metáfora de la alegría.

Siempre me han gustado mucho las plantas. Creo que si no me hubiera dedicado a lo que hago, habría sido jardinero. Una vez compré un rosal y me quedé tan fascinado de cómo iba creciendo y ofreciéndome rosas y hojas que empecé a plantar más rosales de diferentes colores por todo el jardín. Lo que me sorprende de las flores es la magia de su nacimiento y desarrollo, y lo diferente que puede ser cada una: cada espina, cada hoja, su olor...

Cuando plantamos la semilla de una flor, no nos aterra la incertidumbre, lo que pueda brotar. ¿Por qué sí nos sucede eso con otras cosas que cultivamos en la vida?

Si «amamos lo que es», volviendo a la referencia que te hice en cartas anteriores, nos hacemos responsables de nuestra rosa, como el Principito; el miedo no volverá a paralizarnos. Hay que dejar que las flores de la vida crezcan libremente, y si nos enamoramos de una de ellas, como el niño de Saint-Exupéry, está en nuestras manos hacerla más fuerte y hermosa. Somos jardineros de nuestra propia vida.

Del mismo modo que se puede recuperar un rosal enfermo y raquítico, que parece a punto de secarse, y convertirlo en un rosal formidable, el jardín de nuestra vida no depende únicamente del sol, la tierra y el agua. El amor que ponemos en cuidarlo será fundamental para que luzca como el jardín del Edén o para que, al contrario, se marchite triste y abandonado.

Hay jardines compartidos y otros que son secretos en los que cada uno desarrolla su pasión. Un amigo me decía que «el secreto de la vida en pareja es que cada uno tenga su propio jardín», ya que así, cuando se encuentran en el terreno común, tienen descubrimientos que contarse y regalos que hacerse.

Todos somos jardineros de nuestro terreno emocional, intelectual y social, y la alegría radica en trabajar ese jardín para que, en él, cada ser pueda florecer y expresar su máximo potencial.

¿A qué esperas para hacerte dueño y cuidador del jardín de todas las cosas de tu vida?

Deseo que florezcas pronto.

Y. M.

INVITACIÓN A LA ALEGRÍA

Pon flores en tu vida para aprender sobre lo frágil y lo delicado, sobre el color y la belleza. Si dispones de jardín, o al menos de un balcón, planta bulbos para asistir, cuando llegue su tiempo, al milagro del nacimiento.

Piensa que tú eres como el terreno en el que has plantado la flor. Dentro de ti, dentro de tu vida, crecerá (a su ritmo) aquello que tú cultives.

SEIS OJALÁS ANTES DE MORIR

Seis ojalás antes de morir

Querido amigo,

Durante el tiempo en que trabajé en el mundo de la empresa, recuerdo que un día se invitó a un maestro oriental a reunirse con los empleados. Los citó a todos en la cantina y, antes de decir nada, escuchó las quejas y los lamentos de la mayoría. Había gente descontenta, estresada, frustrada, enfadada, apática y un largo etcétera de maneras que tenemos los seres humanos de amargarnos a nosotros mismos.

Después de haberlos escuchado a todos, el maestro entrecerró los ojos y les hizo dos preguntas:

1. Si no tuvieras miedo, ¿qué harías?
2. ¿Qué es lo que amas y te hace feliz?

Cuando los empleados reunidos en la cantina empezaron a responder, sus expresiones habían cambiado totalmente. Al apartar el miedo, todo el mundo tenía planes fabulosos y sus ojos brillaban de entusiasmo. Al reconocer lo que amaban y les hacía felices, toda la negatividad con la que había empezado la sesión se disolvió.

Y lo mejor de todo fue que las cosas que decían que les hacían felices no costaban nada. De hecho, están siempre a nuestro alcance: una puesta de sol o un cielo estrellado, el té o el café con leche de la mañana, las conversaciones con los amigos... Nada que no podamos tener cada día.

¿Recuerdas la lista de satisfacciones de Brecht que te mandaba en una de mis primeras cartas? Si la felicidad —la verdadera, no la de los anuncios— se compone de cosas tan cotidianas y a nuestro alcance, ¿por qué malgastamos tantos minutos, horas y días maldiciendo? ¿Hay que esperar a llegar a la cama de un hospital, desprovistos de todo, para valorar lo que ahora tenemos? Piensa en esto, amigo.

Hasta que no somos capaces de mirar desde el corazón y desnudarnos de todos los problemas inventados, que a menudo son auténticos artículos de lujo, no nos damos cuenta de que vivir es algo absolutamente milagroso y muy sencillo. Lo que lo complica todo es nuestra historia, la narración que nos hacemos constantemente sobre qué necesitamos y quién se supone que debemos ser para ser felices.

Sobre eso hay un estudio muy revelador de Bronnie Ware, una enfermera australiana que, tras muchos años trabajando con pacientes terminales, recogió las últimas palabras de los enfermos y, muy especialmente, aquello de lo que se arrepentían de no haber hecho. Los recopiló en su libro, *Los cinco mandamientos para tener una vida plena.*

Bronnie descubrió que «casi todas las personas expresan los mismos remordimientos antes de morir» y los resumió en cinco puntos, junto a los que he anotado los comentarios hechos por la enfermera:

1. Ojalá hubiese tenido el coraje de vivir la vida que yo quería y no la que los demás esperaban de mí.

Este es el remordimiento más común. Cuando somos conscientes de que nuestra vida se está terminando, miramos hacia atrás y vemos todos los sueños que no hemos realizado. Mucha gente no se atreve a perseguir sus sueños y muere sabiendo que ellos son los responsables de las decisiones que los impidieron.

No somos conscientes de la libertad que tenemos por el mero hecho de estar sanos. Cuando llega la enfermedad, ya es demasiado tarde.

2. Ojalá no hubiese trabajado tanto.

Este comentario me lo repitieron la mayoría de los hombres a los que asistí. Se arrepentían de no haber dedicado más tiempo a su pareja y a sus hijos cuando eran pequeños.

3. Ojalá hubiese tenido el coraje de expresar mis sentimientos.

Muchas personas esconden sus sentimientos para evitar conflictos con los demás. El resultado es que se conforman con una existencia mediocre.

No podemos controlar las reacciones de los demás. Y, aunque al principio otra persona se moleste cuando somos ho-

nestos, eso hace que una relación crezca; o que se acabe una relación que no era saludable. En ambos casos, todo el mundo sale ganando.

4. Ojalá hubiese mantenido el contacto con mis amigos.

Muchas personas no se dan cuenta de la importancia de los amigos hasta que la muerte se acerca. Nos absorbemos tanto en nuestras rutinas que dejamos marchitarse las amistades. Olvidamos ofrecer a nuestros amigos el tiempo y el esfuerzo que merecen.

En las últimas semanas de vida, lo único que importa es el amor y las relaciones. Todo lo demás —el dinero y el éxito profesional— es absolutamente irrelevante.

5. Ojalá me hubiese permitido ser más feliz.

Desgraciadamente, este remordimiento también es muy común.

Muchas personas no se dan cuenta de que la felicidad es una opción hasta que la muerte se acerca. Muchos se han dejado arrastrar por el confort de la vida cotidiana, el miedo al cambio o a la reacción de los demás.

La vida está hecha de decisiones. Y es tuya. Decide.

Estas conclusiones de Bronnie Ware me han conmovido y me han hecho reflexionar. Por eso quiero compartirlas contigo. A sus cinco «ojalás» añado un sexto: ojalá no tengamos que esperar al lecho de muerte para lamentar lo que no hicimos.

Hagámoslo ahora.

Hazlo por ti.

Y. M.

INVITACIÓN A LA ALEGRÍA

Imagina que tras una revisión médica te anuncian que te quedan pocas semanas de vida. ¿Cuáles serían tus cinco «ojalás»?

Puesto que probablemente te quede mucha vida por delante, haz los cambios necesarios en tu día a día para que cuando llegue el momento (esperamos que en un futuro muy lejano) no tengas nada que lamentar.

Sri Aurobindo, un sabio oriental, decía al respecto: «Aprende como si fueras a vivir para siempre, pero vive como si fueras a morir mañana».

UN INSTANTE DE ETERNIDAD

Un instante de eternidad

Querido amigo,

Hoy deseo hablarte del tiempo. No, no me refiero a la meteorología. Me refiero al tiempo vivido, a la suma de instantes experimentados, al estar presente.

Sin duda, el pasado y el futuro son para muchas personas fuentes de enfermedad. El pasado, por la culpa de aquello que no se ha hecho, que no se ha vivido, y también por aquello que no fue como esperábamos, pero que sigue doliendo, tal y como te decía en la carta de los seis ojalás. Y el futuro, porque cada vez observo a más personas vivir con angustia anticipatoria: qué nos pasará, cómo viviremos, qué desgracias llegarán.

También constato que un error muy frecuente es proyectarnos en el futuro y creer que la felicidad nos llegará una vez que hayamos logrado algo concreto. Nuestra frustración de hoy proyecta un ideal en el mañana, y en el proceso nos perdemos la alegría de las pequeñas cosas cotidianas, nos olvidamos de los presentes que nos entrega el presente. Lo que los griegos llamaban *Kairós*, una de sus acepciones para el tiempo. Otra acepción es *Cronos*, el tiempo que ocupa un espacio cuantitativo. Podemos medir un segundo, una hora, un año entero, pero solo es eso, una medida sin contenido concreto.

Según la mitología griega, Kairós es el dios que se preocupa por la calidad del tiempo que vivimos. Se le representa como un joven de pies alados, con un único mechón rubio en la parte delantera y calvo por detrás. Es el dios de la oportunidad, aquel que solo puede cogerse al vuelo, agarrándole por el mechón. Su aparición se produce en el momento-lugar que no volverá a suceder nunca más; por eso los grandes momentos son irrepetibles.

Por lo tanto, el valor del tiempo depende de su calidad, y esta depende a su vez de nuestra disposición al instante, de nuestra presencia en ese instante. ¿Entiendes qué quiero decirte, amigo?

En realidad el tiempo no existe, excepto en la conciencia humana. Es una convención mental acordada entre todos para entendernos en el espacio. El propio Albert Einstein decía que «la única razón para que el tiempo exista es para que no ocurra todo a la vez». Fuera de esa utilidad, el tiempo es el concepto cobarde de quien no sabe estar en la presencia. Midiendo el tiempo, medimos la vida, pero esta es inconmensurable, porque la vida es presencia.

Seguramente, amigo, has caído en las redes de la tristeza porque tu mente se proyecta permanentemente hacia el futuro, temiendo por lo que sucederá, o bien se proyecta al pasado hasta encallar en las playas del dolor, la pérdida, la culpa o el resentimiento. El caso es que intuyo que la tristeza está contigo porque no estás presente.

En ninguno de estos territorios, pasado y futuro, hallarás jamás la alegría. Simplemente porque no existen. Existió el pasado, obviamente. Existirá el futuro, quizá. Pero ahora son solo recuerdos y fantasías, no la realidad.

Puedes argumentar que el pasado nos condiciona, por supuesto. Y que el futuro pinta mal; de hecho, para gran parte de la humanidad, el futuro siempre ha pintado mal... Pero la paradoja es que estamos permanentemente sentados ante la única herramienta para gestionar la vida, el presente, y parecemos olvidarnos de ello. Lo que no está aquí y ahora no está en ninguna parte. La alegría tiene su hogar en el presente. El Kairós es el momento de la epifanía, el instante poético, cuando conectas con aquello que te inspira. Si eres capaz de abrazar el instante, renunciando al pasado y al futuro, quizás experimentes el *satori* del zen, la iluminación fulminante con la que de repente lo entiendes todo. Aquel momento en el que ves el mundo tal y como es.

Como decía Pablo Neruda, «algún día en cualquier parte, en cualquier lugar indefectiblemente te encontrarás a ti mismo». Puede sucederte en cualquier instante, observando el juego de los niños, un rayo de luz que atraviesa las nubes, el paseo de una hormiga por una mesa de fórmica. De repente, el presente lo atrapa todo y te invaden la alegría y la serenidad. La eternidad en un instante. Una eternidad que es siempre ahora, ya que cuando no se manifiesta, es solo porque huyes de ella con la memoria (pasado) o con la imaginación muy a menudo angustiada (futuro).

Saca de tus ojos la venda del pasado y del futuro. Deja de lamentarte y de preocuparte. Lo único verdaderamente tuyo es este instante, y este, y este, y ahora este...

Como decía Jonathan Swift, el autor de *Los viajes de Gulliver*: «Ojalá vivas todos los días de tu vida».

«Porque estar vivo es algo más que no estar muerto», añadía un buen amigo.

Gracias por estar aquí, ahora.

Y. M.

INVITACIÓN A LA ALEGRÍA

Puedes afianzarte en el instante presente, lo cual te permitirá fluir con la alegría, a través de estas prácticas:

1. Dedica cinco minutos a contemplar una única cosa (un cuadro, la vista desde tu ventana, una nube pasajera), dejando fuera todo lo que no sea lo que estás mirando.
2. Escucha una canción o pieza musical con auriculares y los ojos cerrados, entregando el cien por cien de tu atención a la escucha.
3. Camina lentamente observando cómo se mueve cada una de tus extremidades, sintiendo cada músculo y articulación, y sentirás cómo la energía y el calor nutren todo tu cuerpo.
4. Saborea con los ojos cerrados el alimento que te acompaña tan a menudo y descubrirás nuevos matices que pasaban completamente desapercibidos por el efecto de la inercia o de la prisa.

LA RANA QUE NO SABÍA QUE ESTABA HERVIDA

La rana que no sabía que estaba hervida

Querido amigo,

¿Cómo te sientes hoy? ¿Has estado en contacto con personas que te impulsan a celebrar la vida, o te has mezclado con un ambiente gris que apaga los colores de tu alma?

Al igual que el entusiasmo se contagia, el mal humor también. Y puede que no seas consciente de ello. Según la teoría de la adaptación progresiva, si te encuentras en un entorno tóxico, acabas aceptando y asumiendo que eso es lo normal hasta resignarte a que tu alegría muera.

La fábula de la rana que no sabía que estaba hervida ilustra muy bien ese fenómeno. Es una historia escrita por el filósofo Olivier Clerc que explica la extraordinaria capacidad de los animales (humanos incluidos) para adaptarse a los cambios progresivos y lentos, así como la total ignorancia de que probablemente estemos en el peor sitio y momento posibles. Dice así:

Imaginen una cazuela llena de agua, en cuyo interior nada tranquilamente una rana. Se está calentando la cazuela a fuego lento. Al cabo de un rato el agua está tibia. A la rana, esto le parece agradable, y sigue nadando.

La temperatura empieza a subir. Ahora el agua está caliente. Un poco más de lo que suele gustarle a la rana. Pero ella no se inquieta y además el calor siempre le produce algo de fatiga y somnolencia.

Ahora el agua está caliente de verdad. A la rana empieza a parecerle desagradable. Lo malo es que se encuentra sin fuerzas, así que se limita a aguantar y no hace nada más.

Así, la temperatura del agua sigue subiendo poco a poco, nunca de una manera acelerada, hasta el momento en que la rana acaba hervida y muere sin haber realizado el menor esfuerzo por salir de la cazuela.

Si la hubiéramos sumergido de golpe en una cazuela con el agua a 50 grados, de una sola zancada ella se habría puesto a salvo, saltando fuera del recipiente.

Los cambios lentos, casi imperceptibles, acaban convirtiéndose en parte de nuestra realidad sin apenas darnos cuenta, pero, a la larga, pueden resultar fatales.

Hay una resignación perezosa que podemos llamar «paz barata», aunque en realidad acaba saliendo muy cara. Es la falsa calma que sentimos cuando no queremos enfrentarnos a una realidad disfuncional o desagradable, porque nos supondría replantearnos muchas cosas.

Seguimos en una relación sentimental, en un trabajo o haciendo una actividad que nos va matando lentamente en vida, para evitar hacer el esfuerzo que conllevaría un cambio. La adaptación progresiva puede llevar a una muerte lenta, física o psíquica, sin darnos cuenta.

Hay personas que han ido perdiendo la alegría de vivir a base de resignación, y no se dan cuenta. Como la rana que se va durmiendo en el agua caliente hasta quedar escaldada, cuando nos demos cuenta, puede ser demasiado tarde, o el tren que queríamos tomar ya habrá pasado de largo.

Por eso hay que estar muy atentos a aquellas situaciones que, por insignificantes que parezcan al principio, si nos acostumbramos a ellas, pueden acabar matando la alegría de vivir, cociéndonos lenta e imperceptiblemente.

Atenta y cariñosamente,

Y. M.

INVITACIÓN A LA ALEGRÍA

1. Haz un listado de todas las cosas que te están «friendo o cociendo».
2. En cada una de ellas, busca soluciones para no acabar quemado.
3. Elige ser más observador a partir de ahora, de modo que puedas darte cuenta de que algo «huele a chamusquina» antes de que sea demasiado tarde.

LA ALEGRÍA SIN OBJETO

La alegría sin objeto

Querido amigo,

¿Has pensado alguna vez que no necesitas motivo alguno para estar alegre?

Sé que te han enseñado a entristecerte y enfadarte ante los golpes del destino, así como a alegrarte ante los hechos placenteros y las buenas noticias. Sin embargo, esa clase de alegría no dura ni es de buena calidad. Se va con la misma facilidad con la que llega. La «alegría con objeto» depende de la presencia de algo o de alguien, es decir, te sientes alegre por estar delante de un bello paisaje, por ejemplo, o por estar con alguien que te agrada, pues existe un estímulo que provoca esa alegría.

Sin embargo, hay otra clase de alegría más poderosa y duradera. La «alegría sin objeto» es aquella en la que uno siente el corazón alegre sin necesidad de nada. Este tipo de alegría reside en nuestra verdadera esencia, al igual que un bebé sonríe y el cachorro es feliz con su juego.

Encontramos también esa alegría sin objeto en el verdadero sabio, en la persona mayor que acepta la realidad tal y como viene, como era el caso de José, mi viejo amigo del que te hablaba en una carta anterior. La sabiduría tiene mucho de aceptación, que no de resignación; de humildad, que no de humillación; de humor, que no de cinismo; de asombro, que no de control, y de entrega generosa a la vida, que no de expectativa egoísta de retorno.

Probablemente fue la misma clase de alegría, imposible de capturar si no la reconoces, la que Beethoven se propuso musicalizar al conocer la *Oda a la alegría*, de Schiller, que hoy es el himno europeo. Si te fijas en algunos de los versos del poeta alemán, descubrirás las claves para cultivar en tu interior la alegría sin objeto:

Tu hechizo vuelve a unir
lo que el mundo había separado,
todos los hombres se vuelven hermanos
allí donde se posa tu ala suave.

Esta alegría pura que procede del alma no es solo para uno mismo. Quiere ser compartida y multiplicada, ya que, como reza un viejo refrán sueco, «la alegría compartida es alegría doble. La tristeza compartida es la mitad de tristeza».

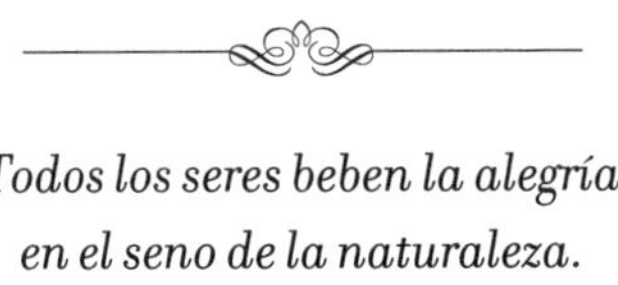

Todos los seres beben la alegría
en el seno de la naturaleza.

Ya hemos hablado de esto en una carta anterior, amigo: sal a airear tu cabeza y oxigenarás también tu alma.

¡Alegría, hermosa chispa de los dioses!

Sin duda, ese gozo sin razón aparente es divino, pero el caso es que tú también lo eres. Eso sí, no desde «el pequeño yo», sino desde un yo que se da cuenta de que, simplemente, es todo lo que «Es».

Siempre has sido divino y alegre, aunque lo hayas olvidado. Cuando te des cuenta de que no debes perseguir la alegría, porque la llevas ya contigo a todas partes, porque está aquí, en este instante sin tiempo, habrá terminado la búsqueda, ya que, paradójicamente, es la búsqueda la que inhibe el acceso a la alegría.

Siempre tuyo,

Y. M.

INVITACIÓN A LA ALEGRÍA

Escucha el *Himno a la alegría* cada mañana durante una semana y observa de qué manera se activa tu día de buen principio.

Busca otros elementos de inspiración (un buen té, buenos alimentos para el desayuno) que te permitan empezar el día pletórico y con buen espíritu.

SENCILLA ALEGRÍA

Sencilla alegría

Querido amigo,

Deseo comenzar la carta de hoy con un viejo cuento sufí. Empieza así:

Un genio de la lámpara, liberado casualmente por un pescador que comprueba sus redes, dice a su salvador:

—Pide tres deseos, es tu recompensa. ¿Qué deseas en primer lugar?

El pescador, sorprendido y superado por la situación, dice:

—Quisiera ser lo bastante inteligente como para elegir los otros deseos lo mejor posible.

—Que así sea —responde el genio—. ¿Qué deseas, ahora, en segundo y tercer lugar?

El pescador medita un instante antes de dirigirse al genio de nuevo:

—No necesito nada más. Gracias.

Dice el proverbio oriental que «quien anda con suavidad llega lejos».

Ligereza, desapego, simplicidad, sobriedad. Cuanto más mayor me hago, más me doy cuenta de que menos es mucho más, como indica el sabio cuento.

El otro día me pasó algo que me confirmó este hecho. Iba caminando por el campo, disfrutando de un estupendo paseo, cuando se me coló una piedrecita en el zapato; fue un fastidio. Igual que en el paseo, a lo largo de nuestra vida se nos van colando piedras en el calzado, que llegan a dañarnos si no ponemos remedio. Sin embargo, quizá lo más paradójico es que muchas veces las desplazamos a un lado, donde molestan menos, en lugar de descalzarnos y devolver la piedra al camino. Los motivos son siempre diversos: por pereza, por las prisas o para atajar el camino. Pero, finalmente, aquella piedrecita que se ha colado en nuestra vida, y que resulta molesta al principio, acaba siendo una compañera de viaje a la que nos hemos acostumbrado, hasta el punto de que casi ya ni la notamos, y en casos extremos incluso llegamos a cogerle cariño.

Pero no siempre se trata de una sola piedra. A veces son varias piedras las que nos dejan los pies llenos de llagas y nos impiden pasear por la vida con la tranquilidad de aquel que camina con zapatillas limpias.

Existen varios tipos de piedras:

1. Piedras de la mente. Son los prejuicios o las ideas preconcebidas sobre el mundo o sobre nosotros mismos. Esta carga no nos deja disfrutar de todas las oportunidades de aprender o de vivir experiencias reveladoras. Por eso, amigo mío, hemos de revisar nuestras creencias y eliminar los prejuicios que, como mordazas, nos sujetan y nos impiden volar.

2. Piedras del corazón. En el corazón se nos cuelan amistades o relaciones no deseadas o tóxicas, piedras que nos hunden a las profundidades. Debemos evitar a esas personas que nos limitan o nos infunden pesimismo, mal humor o tristeza, puesto que eso afecta gravemente a nuestra autoestima. Por ello deben revisarse las relaciones que arrastramos y que carcomen el placer de vivir que quiere aflorar en nosotros.

3. Piedras pesadas. En las estanterías siempre hay objetos que carecen de utilidad. Compramos para tener y sentirnos vivos, y quizá lleguemos a ver un uso en cosas que, realmente, carecen de él, pero que saturan nuestro espacio vital. Estos deseos pesan, y mucho, sobre todo a la salud económica, siendo la causa de muchos de los endeudamientos que acabamos sufriendo.

4. Piedras cotidianas. Estas piedras pueden presentarse en forma de pereza o resignación, lo que nos podría arrastrar a descuidar la salud y sentir apatía por todo y por todos. Estas piedras apenas se perciben, pero se vuelven cada vez más peligrosas a medida que pasa el tiempo, como una bola de nieve rodando montaña abajo, y acaban produciendo efectos catastróficos.

Para andar con comodidad es necesario que no dejemos que se cuelen esas piedras, o que nos detengamos un momento para descalzarnos y mejorar de nuevo nuestro caminar. Así pues, ¿por qué no sacudir ahora mismo los zapatos de piedras emocionales tóxicas y asfixiantes, y salir a dar un agradable paseo con un buen calzado?

Como decía William James, un filósofo estadounidense del siglo XIX que se considera el precursor de la psicología, «ser sabio es el arte de saber qué pasar por alto». Aunque esta afirmación parezca lógica, muchas veces no nos paramos a ver qué se nos ha colado que, de quitarlo de nuestras vidas, nos dejaría proseguir nuestra andadura sin heridas en los pies o el alma.

Querido amigo, para hacer un breve resumen: se trata de hacer limpieza y quitar de nuestra vida aquello que nos sobra y nos incomoda a la hora de recorrer nuestro camino con paz, comodidad y amabilidad. Este ejercicio de soltar puede suponer una acción que genere un cambio significativo y atraiga una extraordinaria alegría.

Cabe recordar que el placer es un mecanismo que se activa cuando nos liberamos de la necesidad que causa el desasosiego, por lo que dejar de llevar una piedra en el zapato puede ser un gustazo.

Feliz liberación.

Y. M.

INVITACIÓN A LA ALEGRÍA

Elabora una lista con las cargas que frenan y dificultan tu vida.

1. ¿Cuáles son tus piedras de la mente?
2. ¿Cuáles son tus piedras del corazón?
3. ¿Cuáles son tus piedras pesadas?
4. ¿Y tus piedras cotidianas?

Elabora un plan con el objetivo de desprenderte cada semana de una de estas cargas.

PROPÓSITOS Y SEMILLAS

Propósitos y semillas

Querido amigo,

Ahora que sé que vas recuperándote y que la alegría comienza a asomar de nuevo en tu ventana, quiero hablarte sobre el propósito y el sentido, sobre el azar y la responsabilidad.

Arthur Schopenhauer dijo que «el azar reparte las cartas, pero nosotros las jugamos». A lo largo de los años, y con la experiencia, he descubierto que la vida es una interacción entre el azar, esas cartas que llegan a nosotros y el modo como las jugamos. Decir que todo es cuestión de suerte es una forma de rendirse que nos incapacita para cambiar aquello que no nos gusta, para desarrollar nuestro potencial y redefinir nuestra vida.

Tal como lo veo, el azar es incontrolable, es cierto, pero la responsabilidad y lo que hagamos con las cartas es cosa nuestra. No digo que podamos hacer lo que nos dé la gana, ¡por supuesto que no! La idea de que podemos crear la realidad es, en mi opinión, un delirio narcisista muy peligroso para quienes nos rodean.

Según los expertos, «el veneno está en la dosis», y es que la resignación a un destino escrito de antemano nos condena a una vida monótona y dolorosa, mientras que el delirio de omnipotencia nos conduce a una serie de desencantos y fracasos que no solo nos llevan lejos de nuestros compañeros de juego, sino que nos sacan de la partida. Estas decepciones, por otra parte, son muy necesarias para ver la realidad que tenemos ante los ojos porque, aunque no nos guste, lograr todo lo que deseamos no está solo en nuestras manos.

Como decía Aristóteles, el secreto está en el término medio, porque entre un extremo y el otro se extiende todo un camino para desarrollar la lucidez que nos conducirá, a través del esfuerzo constante, a que crezca nuestra capacidad de amar, comprender y actuar.

Debemos sembrar a diario las oportunidades de crear experiencias nuevas, así como prepararnos para que cuando florezcan esas oportunidades, seamos capaces de ver la ventana abierta hacia ese nuevo mundo al que tanto esfuerzo hemos dedicado.

Hay quien en la partida de la vida habla de buena o mala suerte, pero quizá solo sea una combinación de oportunidades y de preparación para cuando surjan. Así, una parte muy importante depende de nosotros y de nuestra constancia, voluntad y entrega.

Como diría Viktor Frankl, la pregunta que apela a nuestro propósito existencial sería: «¿Para qué vives?». No existe búsqueda del tesoro más trascendental.

Que tengas un día lleno de sentido.

Recibe un «sentido» abrazo de tu amigo,

Y. M.

INVITACIÓN A LA ALEGRÍA

1. Piensa en tres personas que consideres que tienen «buena suerte», ya sea porque cosechan éxito en su trabajo, porque son populares en su entorno por el mérito que tienen o porque las cosas, en general, les salen bien.

2. A continuación hazte la pregunta: «¿Qué hacen estas personas que yo no hago?».

3. Lleva esas actitudes o valores a tu vida y cultivarás, tú también, las semillas de la buena suerte.

EL ESFUERZO INVERTIDO

El esfuerzo invertido

Querido amigo,

Te siento ya mucho mejor. ¿Será que en lugar de quejarte has empezado a tenerte en cuenta y a cuidarte?

Hoy quiero hablarte de lo que dijo en su día el sabio emperador romano Marco Aurelio: «La sabiduría es el arte de aceptar aquello que no puede ser cambiado, de cambiar aquello que puede ser cambiado y, sobre todo, de conocer la diferencia». Ser conscientes de lo que necesitamos, saber pedirlo y saber dártelo a ti mismo es uno de los fundamentos de la alegría. E igual de imprescindible es saber dejarse llevar por la corriente de la vida cuando es necesario, relajarse, observar y no resistirse a lo inevitable.

El provocador Alan Watts, que introdujo el orientalismo en Estados Unidos, escribió en *La sabiduría de la inseguridad:*

Si no sabes nadar y te caes al agua e intentas mantenerte a flote desesperadamente y lleno de angustia, con todo el miedo natural que tienes de no saber nadar, cuanto más te menees y más te sacudas, más te hundirás y más deprisa. La teoría del esfuerzo invertido consiste sencillamente en relajarte, en pensar que si estás tranquilo y llenas los pulmones de aire, esto te hará flotar y no te ahogarás.

¿Sientes que te falta algo, que no llegas, que te ahogas? Lo primero es ser consciente de que todo pasa, no angustiarse y evitar así un final desagradable para esa situación.

Una actitud serena que invita a la meditación es mejor compañera y guía que la acción precipitada y sin reflexión. En muchas circunstancias, con estar sereno ya has cruzado la mitad del río; distanciarnos de los problemas que nos atenazan para verlos desde otro punto de vista, para ganar perspectiva, nos permite buscar soluciones desde la paz interior y la lucidez, no desde la agitación. Los nervios hacen que nos agitemos hasta vaciar nuestros pulmones de aire, de modo que nos hundiremos agotados y nos ahogaremos, mientras que, desde la calma, retendremos el aire y flotaremos, haciéndonos los muertos sobre la corriente.

Detener el curso del río no es algo que entre dentro de nuestras posibilidades, y eso es algo que debemos asumir: no todo depende de nosotros.

Sin embargo, Alan Watts no nos habla de resignación, sino de tomar conciencia, de saber que no puedo hacer nada y aceptarlo, de buscar otra forma de hacer frente al problema, con templanza y serenidad. La agitación y los nervios no son buenos consejeros a la hora de meditar y buscar soluciones, sino que suelen llevarnos a emprender acciones bruscas y precipitadas que no nos llevan a un buen final. La serenidad, por el contrario, alumbra nuevas posibilidades que, de otra manera, no tendríamos en cuenta.

Querido amigo, antes de tomar ninguna decisión ante una nueva situación, debes comprenderla, entender dónde te hallas y cuáles son tus opciones. Si te precipitas, actuarás sin conocimiento de causa y te ahogarás en el río de los acontecimientos.

Esta es la cadena de valor: serenidad, reflexión, comprensión y acción.

Recibe un plácido abrazo, querido amigo.

Y. M.

INVITACIÓN A LA ALEGRÍA

1. Cada vez que sientas que todo se hunde a tu alrededor, o cuando presientas que se acerca un tsunami, puedes preguntarte para relajarte: «¿Qué es lo peor que puede pasar?».
2. Responde a esa pregunta y define de manera fría y mental cómo será tu escenario en el peor de los casos. Seguramente, incluso así, puedes seguir adelante sin hundirte.
3. Con el alivio de saber que incluso podrías salir adelante en el escenario más adverso, cualquier cosa que suceda mejor que eso será ya una bendición.

LA FLECHA ENVENENADA

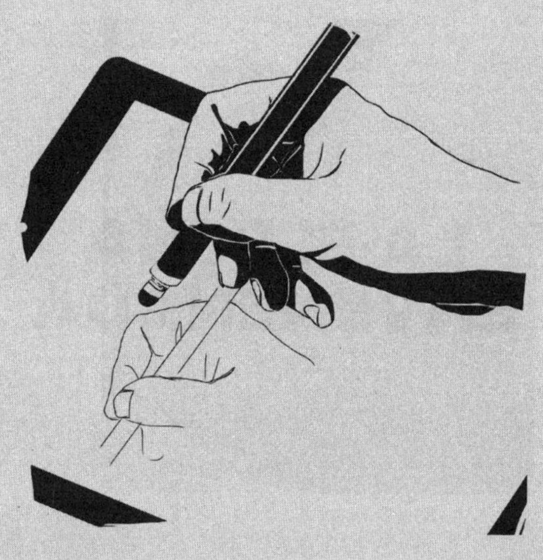

La flecha envenenada

Querido amigo,

Ahora que te estás recuperando a ti mismo, ¿te has parado a pensar que tal vez una parte de tu alegría se apagó cuando todo en tu vida se volvió demasiado previsible o cuando intentabas tenerlo todo hipercontrolado? ¿Por qué no pruebas algo diferente, atreviéndote a decir lo que nunca has dicho, a hacer lo que nunca has hecho, a mirarte a ti mismo y al mundo desde un lugar interno distinto al habitual?

La alegría surge a borbotones cuando hacemos algo con toda nuestra entrega. Eso se consigue, por ejemplo, cuando el músico de *jazz* está totalmente presente en su música, tanto que él mismo deviene música. O cuando el jardinero se pierde en el árbol y en la flor. Incluso cuando el lector está tan atrapado en su libro que deviene protagonista del mismo. Los ejemplos son infinitos. Fluir con lo que nos deleita nos hace sentir que somos el deleite y a la vez el objeto de deleite.

Nuestro desánimo al vivir surge muchas veces en un estado o bien de dispersión, en el que pasamos de puntillas sobre todo lo que hacemos, o bien en el extremo contrario, cuando nos pasamos el día obcecados, dándole vueltas a un mismo tema sin hacer nada que nos permita relajar la mente y pasar a la acción. Esas obsesiones, tiovivos mentales, devienen unidades de atención permanente en nuestro cerebro, drenan nuestra energía vital y afectan a nuestro estado de ánimo, entristeciéndolo y malhumorándolo por mero agotamiento.

Hay un texto clásico del budismo, la «parábola de la flecha envenenada», que explica a la maravilla esta cuestión:

Hubo una vez un hombre que fue herido por una flecha envenenada. Sus familiares y amigos le querían procurar un médico, pero el hombre enfermo se negaba, diciendo que antes quería saber el nombre del hombre que lo había herido, la casta a la que pertenecía y su lugar de origen. Quería saber también si este hombre era alto, fuerte, tenía la tez clara u oscura, y también requería saber con qué tipo de arco le había disparado, y si la cuerda del arco estaba hecha de bambú, de cáñamo o de seda. Decía que quería saber si la pluma de la flecha provenía de un halcón, de un buitre o de un pavo real... Y preguntándose si el arco que había sido usado para dispararle era un arco común, uno curvo o uno de adelfa y todo tipo de información similar, el hombre murió sin saber las respuestas.

Buda concluía esta parábola señalando que, de un modo u otro, todos estamos heridos por la flecha envenenada (es decir, estamos muriendo) y perdemos la vida con dudas y preguntas que no conducen a ningún sitio, cuando lo que nos pide la existencia es fluir, amar y vivir.

Cuanto más esclavo es el pensamiento, más sometida está también la emoción, si ambos no se ven liberados por una acción dispuesta y entregada. Quizá por ello Quevedo afirmaba que «sabio no es el que sabe dónde está el tesoro. Sabio es aquel que excava en la tierra para hacerse con él».

Vivimos en una época en que van en aumento los trastornos obsesivo-compulsivos, y las ideas preconcebidas nos impiden darnos cuenta de que tenemos otras posibilidades en nuestra existencia. Te hablé de ello en la carta sobre las falsas creencias.

Sería bueno atreverse de vez en cuando a mirar el mundo al revés, como cuando los niños se inclinan y ponen la cabeza entre las piernas, cambiando totalmente la perspectiva. Es entonces cuando del cielo cuelgan árboles y el suelo se vuelve azul, infinito y salpicado de nubes. En ese momento, el asombro nos hace romper las barreras de la conceptualización habitual y es mucho más fácil que surja la sorpresa, desde una nueva mirada. Y esa nueva mirada aporta, obviamente, perspectivas diferentes a las habituales, rompe hábitos mentales, induce nuevas visiones y hace surgir la alegría al producirse la sorpresa.

Marcel Proust decía que «la verdadera felicidad no consiste en encontrar nuevas tierras, sino en ver con otros ojos», y uno de los personajes de Paul Auster lo completaba así: «La gente dice que tienes que viajar para ver el mundo, pero a veces siento que si te estás quieto en un sitio y mantienes los ojos abiertos, podrás ver todo lo que puedes soportar».

La alegría nunca está lejos, en otros puertos, ya que su esencia se encuentra en nosotros mismos y en las acciones a las que nos entregamos con vocación. Sí, vocación. No es casual que esta bonita palabra proceda del latín *vocare*, que significa «llamada del corazón».

Precisamente sobre vocación, fluidez y alegría habla mucho y bien Mihály Csíkszentmihályi, profesor de psicología y autor del libro *Fluir: la psicología de las experiencias óptimas*, en el que asegura que la clave para disfrutar de cualquiera de las actividades que realicemos es ese «fluir».

Pero ¿qué es el estado de flujo? Según el propio autor: «es esencialmente la capacidad de concentrar la energía psíquica y la atención en planes y objetivos de nuestra elección, y que se siente que vale la pena realizarlos porque se ha decidido este tipo de vida, y se disfruta cada momento en lo que se hace». La alegría brota cuando entramos en un estado de total concentración y de entrega con aquello que estamos realizando.

Todos tenemos algo que nos hace perder la noción del tiempo, que despierta nuestra entrega, nuestra dimensión artística y nos mueve a mejorar: pintar, bailar, contemplar, correr, cantar, escribir, dibujar, hacer manualidades, etcétera. Es aquello a lo que no nos importa dedicar todo el tiempo del mundo porque conectamos con ello completamente. Eso es el *flow*, el fluir que tanto ha analizado Mihály.

Si no has encontrado todavía algo que te haga vibrar, que te permita fluir, haz como los niños: mira el mundo al revés, ensaya, experimenta, prueba. Es el modo de hallarlo.

¿Cuántas personas han comenzado en su madurez a practicar una actividad ignorada por completo a lo largo de su vida, pero que de repente un día iniciaron y ha devenido su pasión? Conozco, por ejemplo, a una pintora extraordinaria que comenzó a pintar casi por casualidad en su jubilación, y hoy sus exposiciones convocan a cientos de personas que se admiran ante la originalidad de sus lienzos. Y podría citarte muchos otros casos, como el de otra dama que en su madurez comenzó a hacer mermelada de limón para aprovechar la abundante cosecha de limones ácidos que le regalaba el limonero de su patio y hoy, con más de ochenta años, es una autoridad mundial en la materia y vende sus mermeladas con enorme éxito en una pequeña tienda que ella misma ha abierto en su pueblo y en la que en verano hay colas para poder entrar.

Quién sabe, quizá tu pasión se encuentre tan cerca que hasta ahora no has sabido verla. Pero está aquí, contigo, no lo dudes, amigo.

Recibe un sentido abrazo.

Y. M.

INVITACIÓN A LA ALEGRÍA

1. Examina cuál es la principal flecha que debes arrancarte actualmente, antes de entregarte a más preguntas o dudas. ¿Cuál es el mayor error que estás cometiendo? ¿Cómo puedes solventarlo?

2. Identifica acto seguido tu mayor ilusión. ¿Estás haciendo lo suficiente para hacerla realidad? ¿Qué deberías estar haciendo y no haces? Ponte manos a la obra con alegría e ilusión.

LAS ALAS DE LA CONFIANZA

Las alas de la confianza

Querido amigo,

Si en mi carta anterior te hablé de vocación y de fluir, hoy quiero hablarte de confianza, de alas, de alegría.

¡Cuántas veces la confianza que tienen los demás en nosotros puede ayudarnos a alcanzar los objetivos más difíciles! Pero hay algo más importante que la confianza en los demás, más importante incluso que la confianza en uno mismo, y es la confianza en la propia vida. Decía el poeta León Felipe: «Aguardad vuestro turno con paciencia y con fe, que hay más estrellas que hombres y hay alas para todos».

La propia vida nos regala siempre nuevos horizontes y nos invita cada día a levantar el vuelo. No necesitas el permiso de nadie para ese viaje. No tiene sentido entregar a los demás la batuta de tu existencia.

¿Cuántas veces no hemos intentado algo o nos ha salido mal, atenazados por el miedo al fracaso transmitido por otros, por su escasa confianza o por su invitación a que nos resignemos y renunciemos a nuestros sueños? A diario respondemos inconscientemente a lo que los demás esperan de nosotros, ya sea bueno o malo. Actuamos según nos dicta nuestro entorno. Y esa mirada del otro puede llevarnos a hacer cosas extraordinarias, tanto bellas como terribles, algo que en psicología se conoce como el efecto Pigmalión.

Según explica Ovidio en sus *Metamorfosis*, Pigmalión, rey mitológico de Chipre que vivió en Creta, era un grandísimo escultor. El monarca, que había prometido casarse con la mujer perfecta, decidió dedicar su vida a esculpir cuando dio por imposible su empresa matrimonial. En ese momento creó una bellísima estatua de marfil, inspirada en Galatea, de la que cayó perdidamente enamorado. Tanto fue así que rogó a los dioses que le otorgaran la vida para poder vivir con ella. Fue Venus quien escuchó sus súplicas y transformó aquella figura pétrea y blanca en la amante y esposa de Pigmalión.

Como en la leyenda, el efecto Pigmalión es el proceso a través del cual las creencias y las expectativas de una persona respecto a otra afectan de tal manera su conducta que esta última tiende a confirmarlas. Cuando prevemos que algo será de una manera, nos dirigimos hacia esa perspectiva autoimpuesta; llamamos al mal tiempo y este se nos echa encima. En ciencias económicas, el efecto Pigmalión se dio con la crisis de 1929, ya que si muchos creen que la economía se hunde, acaba por suceder.

Lo mismo sucede en nuestra salud con el efecto placebo, que se da cuando alguien cree que un medicamento o tratamiento le sana, pero en realidad no contiene principio activo alguno. ¿Y cómo se cura entonces, con un caramelito? Pues se cura porque el médico o profesional asegura que así sucederá, es decir, porque alguien en quien confiamos nos dice que nos va a hacer bien y nosotros queremos curarnos.

Si estudiamos las biografías de los personajes que han hecho grandes aportaciones a lo largo de la historia, vemos que en todas ellas había una persona que creía en ellos, que los animaba a prosperar y crecer. Y en casos de amor, la pasión ha surgido entre personas sin aparente química a partir de los susurros de una celestina, pues con unas simples palabras y pensamientos, nuestro cuerpo y predisposición cambia radicalmente. Todo esto tiene una explicación científica, querido amigo, pues cuando alguien confía en nosotros, nuestro sistema límbico acelera la velocidad a la hora de pensar, lo que incrementa la energía, la clarividencia y la eficacia de dichos pensamientos.

Amigo mío, haz realidad tu propia profecía, pero que sea positiva, que te impulse. Pues igual que el miedo provoca aquello que tememos, la confianza en ti mismo te da alas para llegar allí donde te propongas.

Recibe un abrazo lleno de confianza.

Y. M.

INVITACIÓN A LA ALEGRÍA

1. Elige a una persona a la que ames y que necesite un refuerzo en su confianza para crecer o salir adelante.

2. A continuación, transmítele, a través del efecto Pigmalión, tu convencimiento argumentado desde el rigor de que va a superarse y a hacerlo muy bien.

3. Observa en los días o semanas siguientes cómo esta persona responde a esas expectativas positivas.

4. Considera ahora llevar el efecto Pigmalión a tu propia vida. Empieza creyendo en ti porque, aunque nada cambie, si tú cambias, todo comienza a cambiar.

VENTANAS ROTAS

Ventanas rotas

Querido amigo,

A medida que te voy escribiendo voy tomando conciencia y recordando aquello que decía el sabio filósofo Baruch Spinoza, que hay alegrías activas y pasivas, que hay alegrías que podemos convocar y trabajar. Sí, compañero, la alegría se trabaja, se cultiva. La alegría surge de nuestra actitud y de nuestros valores y, por supuesto, la podemos experimentar como un regalo cuando nos es dada por la naturaleza o por las acciones de los demás.

Mira si es importante este hecho que hoy quiero compartir contigo una teoría que me parece de vital importancia. Te voy a hablar de la «teoría de las ventanas rotas», de Philip Zimbardo, y al final de esta carta entenderás el porqué del título que la abre. Esta teoría surgió a partir del experimento que el psicólogo social de la Universidad de Stanford, Philip Zimbardo, realizó en 1969, y gracias al trabajo de James Wilson y George Kelling. Su aplicación se extrapola a muchas áreas de nuestra vida, por lo que es interesante saber de qué va.

El experimento que Zimbardo llevó a cabo en 1969 consistía en dejar un coche usado, aparentemente abandonado, en un barrio pobre y conflictivo como el Bronx. Abandonó el vehículo deteriorado sin matrículas y con las puertas abiertas, para así observar el comportamiento de aquellos que se toparan con el auto. En diez minutos el coche fue desvalijado, y en tres días, desmontado y destruido.

Pero esa solo era la primera parte del experimento, pues la segunda consistía en dejar un coche en las mismas condiciones en un barrio rico y tranquilo, como en Palo Alto, California. ¿Y qué sucedió? Que mientras el coche tuvo un aspecto cuidado, nadie lo tocó, pero entonces Zimbardo lo golpeó y rompió algunas ventanas. Desde ese momento, los habitantes de Palo Alto se comportaron como los del Bronx, destrozando el coche a la misma velocidad.

La conclusión que extrajo del experimento fue clara: cuando los demás ven una ventana rota, un coche o edificio descuidado (también hablamos de nuestro propio templo, de nuestro cuerpo, mente y espíritu), reciben un mensaje inequívoco de abandono que dice: «A nadie le interesa cuidar de esto, romped lo que queráis».

En un primer momento se dio a esta teoría un sentido social, pero resulta revelador llevarlo al plano individual, puesto que en nuestra persona también existen elementos frágiles que podemos cuidar o bien declarar en estado de abandono para que sobrevenga la ruina. Veamos algunos ejemplos:

1. Cada vez que criticamos a una persona cercana, estamos rompiendo una ventana del edificio de nuestro círculo social, con lo que nuestro entorno se ocupará de romper las otras. Se empieza hablando mal de un amigo y la energía negativa se contagia hasta que acabamos hablando mal de todo el mundo, así como los demás de nosotros.
2. Al dejar de cuidar nuestro cuerpo y nuestra mente, nutriéndolo de basura y de pensamientos tóxicos, damos a nuestra alma un aviso de que «el capitán ha abandonado el barco» para que pueda vagar a la deriva hasta estrellarse.
3. Cuando renunciamos a los sueños que han regido nuestra vida, aunque empecemos por uno solo, estamos transmitiendo a nuestro inconsciente el mensaje de que esa parte de nuestro mundo interior se ha rendido y, por lo tanto, la prosaica realidad puede acabar con todas las ilusiones sin resistencia.

La ventana rota puede aparecer en nuestra vida profesional, en la pareja, en una relación de amistad o en el respeto que nos debemos a nosotros mismos. En todos los casos, la conclusión es la misma: si somos conscientes del daño y no lo remediamos enseguida, el tiempo y el mundo se encargarán de que todo se venga abajo.

Amigo mío, hay que reparar la ventana rota cuanto antes y cuidar de los detalles, porque lo más grande de la vida se compone de cosas pequeñas. Gracias por la revelación, doctor Zimbardo.

Antes de abandonarte a tu suerte, amigo, pregúntate si dejaste alguna ventana rota sin reparar. La alegría del alma es un edificio que requiere cuidar de los detalles.

Tuyo,

Y. M.

INVITACIÓN A LA ALEGRÍA

1. Analiza si en este momento de tu vida tienes alguna «ventana rota» que necesita una reparación urgente. ¿Te has discutido con alguien que merece todo tu amor? ¿Has cometido alguna torpeza o error y no lo has reconocido? ¿Has descuidado algún aspecto importante de tu vida?

2. No esperes a arreglar aquello que reclama tu atención. Repara cuanto antes las ventanas rotas.

CARICIAS PARA EL ALMA

Caricias para el alma

Querido amigo,

Hoy deseo profundizar en lo que te contaba en una de las primeras cartas que te envié, donde relataba la importancia de la ternura y las caricias para generar alegría no solo en la humanidad, sino en todos los seres vivos. Y así también enlazo con esa frase de Virgilio que tanto me gusta: «El amor todo lo vence».

Releía esta mañana a Leo Buscaglia, que en su bello libro *Amor. Ser persona*, afirma: «A pesar de que el niño no conoce ni comprende la dinámica sutil del amor, siente desde muy temprano una gran necesidad de amar, y la falta de amor puede afectar a su crecimiento y desarrollo e incluso provocarle la muerte».

Si algo comparto con Buscaglia es que creo que el amor es primordial para la vida y que su carencia es la principal causa de gran parte de las enfermedades psicológicas, la gran plaga que asola Occidente en la actualidad, desde la ansiedad y la depresión hasta la psicosis... ¡Incluso hay niños hoy en día con altos grados de angustia vital!

El amor es aquello que nos permite crecer saludables y desarrollarnos como individuos. Sin la amabilidad de los demás no somos capaces de experimentar alegría.

En *Los guiones que vivimos*, Claude Steiner dice así: «Las caricias son imprescindibles para sobrevivir». Es decir, su tesis va más allá del desarrollo, concluyendo que un mecanismo instintivo nos llevará a conseguir cariño a cualquier precio si no lo recibimos previamente. Aceptaremos las caricias negativas antes que quedarnos sin ninguna; buscaremos la bofetada, el empujón, el grito y el desprecio antes que el vacío y la indiferencia. Como decía William Faulkner, «preferimos el dolor a la nada». Eso explica muchos comportamientos del ser humano que, de no ser así, no tendrían un porqué.

Quizás el pequeño que no deja de rebelarse, a sabiendas de que va a comportarle un castigo, solo busca desesperadamente la atención de sus padres ausentes; una llamada para que sus padres estén por él de verdad y le marquen límites sociales que deberían enseñarle. En mi propia experiencia ante el comportamiento rebelde en adolescentes, esta reiteración muchas veces violenta no es más que un mecanismo de supervivencia en que, de forma inconsciente, solicitan las caricias de sus padres con un «pégame o grítame, ya que como no sé qué hacer para que me toques y me hables, por lo menos al pegarme o gritarme, harás ambas cosas con intensidad, que es, en el fondo, lo que deseo».

Querido amigo, ¿cuánto hace que no abrazas, que no te abrazan? Quizás ese fue el inicio del desamparo que minó tu alegría, aunque te veo ya mucho mejor. Una caricia amable, deseada y verdadera tiene el poder de transformarnos y curar.

Ante una comunicación a distancia y los saturados estímulos virtuales, el contacto, las caricias y la ternura suponen un recurso muy valioso y preciado. Es el poder del contacto cuerpo a cuerpo frente al móvil, la televisión o internet.

En esta sociedad actual en la que vivimos, donde los problemas tienen la mayor parte de las veces un origen psicológico y emocional, escuchamos los gritos de nuestros cuerpos estresados pidiendo caricias desde su sabiduría profunda y esencial, reclamando que demos satisfacción a su necesidad de encontrarse con el otro. Porque la intimidad no significa sexo, sino que es esa necesidad de encuentro sincero, desde el amor y la alegría, que nace del «contacto con tacto».

Y, sin duda, si dedicáramos más tiempo a expresar nuestro afecto a aquellos a quienes apreciamos, los problemas de angustia, depresión, mal humor y tristeza se irían con viento fresco por donde han venido. «Haz el amor y no la guerra», rezaba el eslogan pacifista, y no estaría de más retomarlo hoy, ¿no crees?

Se ha comprobado que una caricia estimula las endorfinas, las hormonas naturales que nos hacen más soportable el dolor y nos provocan bienestar. Además, se sabe que aquellos que han crecido y vivido sin el cariño y los abrazos necesarios tienden a soportar peor el estrés, la ansiedad y el dolor.

«Como aventura y enigma la caricia empieza antes de convertirse en caricia.» Eso dijo Mario Benedetti, y no podía tener más razón. Ni con mil palabras podría decirse lo mismo que con el tacto. Una caricia es el único medio para expresar según qué sentimientos, pues se trata de un mensaje tan sutil como profundo que habla incluso antes de producirse.

No queda mucho más que poner esto en práctica, querido amigo: incluye cada día en tu lenguaje el gesto amable y cercano de la caricia. Añade a tu vocabulario emocional una parte de ternura a través de la piel, así podrás provocar alegría. Y no dudes en pedir un gesto afectuoso a la gente de tu entorno. Seguro que recibes aquello que necesitas.

¿Cómo comunicarte mejor con aquellos a los que amas? La respuesta, tal cual, está en tus manos.

Y. M.

INVITACIÓN A LA ALEGRÍA

Siguiendo la regla propuesta por Virginia Satir, necesitas regalarte cotidianamente la siguiente terapia de caricias:

1. Cuatro abrazos al día para sobrevivir.
2. Ocho abrazos para mantenimiento.
3. Doce abrazos para crecer.

No dejes que la timidez o el orgullo te priven de este bálsamo para la buena salud del corazón y del alma. La ternura es una puerta directa a la alegría y a la salud física y emocional; no te prives de ella.

AMAR ES CUIDAR

Amar es cuidar

Querido amigo,

Ayer te hablaba de las caricias como vía directa a la alegría. Porque amar es cuidar, y de esta voluntad nace una acción que nos moviliza física, intelectual y emocionalmente.

El amor y la entrega a los demás son una palanca suficiente para ir hacia delante, para dar un paso más. El amor nos enseña que el sentido de la vida es la propia vida. El amor en todas sus dimensiones, por supuesto a otras personas, pero también a la naturaleza, al arte, a los animales... ¡Hay tanto de lo que aprender y tanto a lo que amar y cuidar!

Alejandro Jodorowsky afirma a menudo que «lo que das, te lo das. Lo que no das, te lo quitas». Y es cierto que el acto de ser útil a los demás dota de significado hasta la vida del más nihilista. Cuando nos damos a los demás, nuestra existencia cobra todo su sentido.

Hay una oración de Teresa de Calcuta que me parece reveladora:

Cuando tenga un disgusto,
preséntame alguien que necesite consuelo;
[...] Cuando me falte tiempo,
dame alguien que necesite unos minutos míos;
Cuando sufra una humillación,
dame la ocasión de alabar a alguien;
Cuando esté desanimado,
mándame alguien a quien tenga que dar ánimo;
Cuando sienta necesidad de la comprensión de los demás,
mándame alguien que necesite la mía;
Cuando sienta necesidad de que me cuiden,
mándame alguien a quien tenga que cuidar;
Cuando piense en mí mismo,
atrae mi atención hacia otra persona.

Sin duda, cuidar nos hace crecer, además de hacer crecer también el vínculo con el ser amado. En la entrega al otro sembramos semillas para que germine la intimidad.

La intimidad es el reposo del amor, el resultado de haberlo trabajado largo tiempo, y surge cuando este florece y es cuidado de manera entregada y continua. La intimidad, en cualquiera de sus dimensiones (física, emocional, intelectual o espiritual) es una conquista. Un verdadero trabajo. Y es en esa intimidad donde cada uno sigue siendo quien es, pero a la vez se produce el milagro de la conciencia de unidad en la dualidad. Sí, somos dos, pero nos sabemos uno, y en ese espacio, donde el yo deviene un nosotros, nos realizamos en-amor-a-dos, jugando con las palabras.

Quien nos ama de verdad nos ayuda a encontrar nuestra propia riqueza en nosotros mismos, y en esa riqueza surge a borbotones la alegría. A veces el ser amado nos descubre desde su reconocimiento auténticos tesoros que ni soñamos tener y que se revelan en la mirada llena de aprecio del ser amado. Porque quien ama de verdad es generoso, da alas, y desvela, abre la consciencia, impulsa, regala, reconoce, comparte, cuida, da.

Por eso el amor verdadero es humilde, porque está desnudo, vence al orgullo, se vacía de ego. Quizá por ese motivo Sri Aurobindo dejó escrita una de las más bellas frases que se ha escrito sobre el amor: «El amor está vacío de ego. El ego está vacío de amor».

Sin duda, el amor crece y se hace fuerte en el ejercicio de la bondad, del respeto y de la benevolencia, que, literalmente, quiere decir querer el bien del otro. Y es la intimidad una de las grandes palancas para encontrar un SENTIDO, con mayúsculas, a la vida.

Para ilustrarlo, deseo compartir contigo lo que creo que es un ejemplo de la sabiduría que nos encuentra al final del camino. No sé si conoces la carta que escribió Steve Jobs a su esposa. Se trata de un texto muy emotivo, más teniendo en cuenta el contexto en el que fue escrito, poco antes de la muerte de Jobs.

Después de muchos fracasos sentimentales, el fundador de Apple dio con la horma de su zapato al conocer a Laurene Powell, la mujer a la que estaría unido hasta el fin de su vida. Cuando su cáncer estaba muy avanzado y veía que se acercaba el fin, Steve Jobs le pidió que fueran a celebrar su vigésimo aniversario de boda al mismo hotel y habitación donde se habían casado, en el Ahwahnee Lodge del parque Yosemite. La habitación estaba ocupada por otra pareja, pero al explicarles el motivo de la celebración, se la cedieron.

Al entrar en aquella habitación que le traía tantos recuerdos, mientras su marido desaparecía de escena, Laurene encontró una caja con las fotos de su boda y esta nota personal de Steve:

Hace veinte años, no sabíamos mucho el uno del otro. Nos guio la intuición; tú me hiciste volar. Cuando nos casamos en el Ahwahnee, nevaba. Han pasado los años, han venido los niños y hemos pasado épocas buenas y épocas duras, pero nunca épocas malas. El amor y el respeto han perdurado y han crecido. Hemos pasado muchas cosas juntos y ahora volvemos a estar justo allí donde empezamos hace veinte años —más mayores, más sabios—, con arrugas en las caras y los corazones. Ahora conocemos buena parte de la alegría, del sufrimiento y las maravillas de la vida y aún estamos aquí juntos. Mis pies nunca han vuelto a tocar el suelo.

Sí, cuando amamos y cuidamos, cuando la intimidad se expresa como algo que conquistamos día a día, cuando vivimos en-amor-a-dos más allá de la llama de la pasión, en las brasas del afecto que tiene el poso del paso del tiempo y de cientos de dificultades superadas en compañía, nos sentimos volar. Es el vuelo que se produce por dos alas: la del amor y la de la alegría.

Recibe un sentido abrazo de tu amigo.

Y. M.

P. D.: Por cierto, mientras te iba escribiendo estas cartas, en mi cuaderno fue tomando forma una fábula que te enviaré cuando le ponga el punto final. Habla de aquello que no puedes buscar. Como mucho, podrás encontrarlo.

INVITACIÓN A LA ALEGRÍA

Escribe una carta de amor o de amistad a alguien que te acompaña hace tiempo en el camino de la vida y que das por supuesto que sabe de tu aprecio. Ve más allá de las suposiciones y muéstrale tu cariño de forma manifiesta a través de una carta manuscrita, de un email o, si lo prefieres hacer de viva voz, con una velada sorpresa para celebrar la alegría de estar juntos.

ADIÓS Y GRACIAS, TRISTEZA

Adiós y gracias, tristeza

Querido amigo,

Esta es mi última carta, y no porque vaya a abandonar este mundo todavía, sino porque ha llegado tu momento de abrirle las puertas a la vida y echarte a andar con lo puesto.

Como decía Buda, toda enseñanza es una barca que sirve para llevarnos a la otra orilla. Una vez que la hemos alcanzado, no tiene sentido que sigamos cargando con la barca. De lo que se trata es de caminar ligero por ese nuevo territorio que se abre ante tus pies.

Te encuentras a punto de despedir una etapa. Después de tu crisis, te sentirás como si hubieras muerto para volver a nacer.

Para darle un cierre, voy a dejarte con la que para mí es la más bella carta de despedida escrita en los tiempos modernos. La escribió el neurólogo Oliver Sacks unos meses antes de morir. Tras saber que padecía una enfermedad terminal, en febrero de 2015 regaló a la humanidad su despedida oficial de este mundo. Lo hizo publicando en *The New York Times* una carta que transmitía una sabia y admirable serenidad.

En la carta empezaba informando a los lectores de que a sus ochenta y un años de edad, hacía nueve que le habían diagnosticado un tumor en el ojo, del que se había quedado ciego al aplicarle la radiación y el láser. Pero tuvo la mala fortuna de que el tumor se convirtiera en una metástasis, y lo anunciaba así:

Me siento agradecido de que se me hayan concedido nueve años de buena salud y productividad desde el diagnóstico original, pero ahora me enfrento con la muerte [...]. Depende de mí ahora elegir cómo vivir los meses que me quedan. Tengo que vivir de la manera más rica, más profunda y más productiva que pueda.

Oliver Sacks encuentra incluso un espacio para la autocrítica, tan necesaria en la actualidad y tan poco practicada por norma general:

Aunque he disfrutado de relaciones amorosas y de amistad, y no tengo enemistades reales, no puedo decir que sea un hombre de disposiciones leves. Por el contrario, soy un hombre de carácter vehemente, con entusiasmos violentos, y de falta de moderación extrema en todas mis pasiones.

Reflexionar sobre cómo mejorar como persona hasta el último momento es otra de las enseñanzas que nos ofrece el autor de *El hombre que confundió a su mujer con un sombrero*:

En los últimos días, he sido capaz de ver mi vida desde una gran altitud, como una especie de paisaje, y con un profundo sentido de la conexión de todas sus partes. Esto no significa que estoy acabado con la vida. Por el contrario, me siento intensamente vivo, y quiero y espero que en el tiempo que queda pueda profundizar mis amistades para decir adiós a los que amo, escribir más, viajar si tengo la fuerza suficiente, alcanzar nuevos niveles de comprensión y perspicacia.

Vivir hasta el final. Parece una obviedad, pero no lo es tanto. O, si no, piensa en las veces en que no has disfrutado de algo, o en las trivialidades que te niegan el descanso cuando no deberían. Solo cuando falta algo, se echa de menos. Además, la propia aceptación de las cosas permite observarlo todo desde una perspectiva llena de lucidez.

He sido cada vez más consciente, durante los últimos diez años más o menos, de las muertes de mis contemporáneos. Mi generación se está marchando, y cada muerte la he sentido como un desprendimiento, un desgarro de parte de mí mismo.

No habrá nadie como nosotros cuando nos hayamos ido, pero tampoco no habrá nadie como cualquier otra persona, nunca. Cuando las personas mueren, no pueden ser reemplazadas. Dejan agujeros que no se pueden llenar, porque es el destino de todo ser humano ser un individuo único, para encontrar su propio camino, vivir su propia vida y morir su propia muerte.

No puedo pretender no tener miedo. Pero mi sentimiento predominante es de gratitud. He amado y he sido amado; he recibido mucho y he dado algo a cambio; he leído y viajado, y pensado y escrito. He tenido una relación con el mundo, el coito especial de escritores y lectores.

Por encima de todo, he sido un ser sensible, un animal de pensar, en este hermoso planeta, y que en sí ha sido un enorme privilegio y una gran aventura.

Entre los ancianos que tienen la fortuna de vivir muchos años es muy común la sensación de sentirse solos porque todos con los que se ha compartido la juventud ya murieron. Sin embargo, Sacks afronta el natural miedo a la muerte con la serenidad de quien sabe que ha vivido bien o, como mínimo, lo mejor que ha sabido.

La actriz y guionista estadounidense Mae West decía al respecto: «Solo se vive una vez, pero si lo haces bien, una vez puede ser suficiente». Y en el mismo sentido se pronunciaba, casi medio milenio antes, Leonardo da Vinci: «Así como una jornada bien empleada produce un dulce sueño, así una vida bien usada causa una dulce muerte».

Cuando empecé a escribir estas cartas, me dirigía a alguien que se había convertido en un extraño para mí. Ahora que el enfermo ha sanado, tomando conciencia de su alegría, puedo mirarme en el espejo y reconocerme.

Ya no necesito escribirme más cartas a mí mismo. Quien abre la puerta y quien sale, por fin, con paso ilusionado, a descubrir las alegrías del mundo es la misma persona.

Ahora, ¡a vivir!

Y. M. (Yo Mismo)

INVITACIÓN A LA ALEGRÍA

NOTA: Este recuadro vacío no es un error de imprenta. Representa el gran regalo que te ofrece cada día de tu vida; es un cheque en blanco para que la vivas como quieras, con quien quieras, con los sueños que quieras, pero, sobre todo, con alegría. ¿Aceptas el reto?

EL HOMBRE QUE PERDIÓ LA ALEGRÍA

UNA FÁBULA PARA BUSCADORES

Objetos perdidos

Tristán era de talante despistado y había perdido muchas cosas a lo largo de su vida. De pequeño se olvidaba la cartera en clase y cuando se disponía a hacer los deberes por la tarde, descubría con amargura que no sabía por dónde empezar. Ya en la adolescencia, siempre se le escapaba el último autobús para llegar a tiempo al instituto y, más adelante, a la universidad. Por su costumbre de correr siempre a última hora, había perdido varios amigos y una novia.

Este defecto no le había impedido, sin embargo, llegar a ser un cotizado consultor de empresas. Llegaba justo a las reuniones, con el corazón acelerado y las notas acabadas de tomar en la mano, pero luego era capaz de sentarse y comprender los problemas de la organización para proponerle soluciones prácticas que solían dar resultado.

Algo que era incapaz de hacer consigo mismo.

Todavía soltero a sus cincuenta años, al morir su madre, acabó de tomar conciencia de que la vida tiene un fin y que la suya jamás merecería una película ni una biografía. Como mucho, un cuento triste para explicar cómo se puede vivir una existencia sin dejar huella alguna en el mundo.

Con todo, hasta aquel sábado por la mañana, Tristán había vivido con una cómoda resignación. Era hombre de pocos gastos, así que sus cuentas corrientes estaban bien provistas. Podía permitirse almorzar en restaurantes de primera y vestirse en la mejor sastrería de la ciudad. Si no lo hacía era porque no le gustaba comer solo, y tampoco le parecía conveniente presentarse a las reuniones con un traje más caro que el de su cliente.

Su vida tenía un argumento prefijado: de lunes a viernes trabajaba de sol a sol, y empezaba el fin de semana yendo al supermercado para llenar la nevera y alimentar su existencia rutinaria.

Acostumbrado a perderlo todo, antes de salir de casa se preguntaba si llevaba «la Santísima Trinidad» con él, a saber: cartera, llaves y teléfono móvil. Una vez hecha la comprobación, salía a la calle a cumplir con lo que tuviera que hacer.

Caminaba con paso ligero, incluso juvenil para su edad, quizá por su costumbre de tener que apresurarse todo el tiempo. Tristán iba y venía con la máxima celeridad, sin gastar tiempo en cosas superfluas.

Por esa razón, aquella mañana se sorprendió a sí mismo al detenerse junto a un parque donde un niño levantaba un castillo de arena. Al ver la placidez con la que el pequeño llenaba el cubo para luego darle la vuelta y soltar aquel gran flan de tierra con un grito de entusiasmo, algo se quebró dentro de Tristán.

Sin entender aún lo que le estaba pasando, se apresuró a poner en el carrito del supermercado los mismos productos que la semana anterior. Luego dio el encargo de que le llevaran la compra a casa.

Mientras regresaba a casa, le asoló una nueva y preocupante fatiga que no tenía justificación. La noche anterior había dormido suficientes horas, pero un cansancio infinito se había apoderado de él.

Ya que pagaba religiosamente una mutua cada mes, solicitó de inmediato que viniera un médico a visitarle a domicilio.

Veinte minutos después acudía una doctora joven y enérgica a la que le bastó un cuarto de hora para asegurar a su paciente que no tenía nada, aunque por seguridad le mandaría hacer un análisis de sangre al lunes siguiente.

Más tranquilo, Tristán se sentó frente al televisor, pero el malestar que le embargaba no desaparecía. Al contrario, no hacía más que crecer.

Incapaz de concentrarse, lo apagó y salió al balcón para respirar aire fresco. Desde el tercer piso de su bloque, al contemplar las familias que paseaban, los niños corriendo y los ancianos con el periódico bajo el brazo, le asaltó una desazón indescriptible.

Tristán había perdido muchas cosas a lo largo de su vida, sí, pero nunca hubiera imaginado que aquel sábado por la mañana, sin razón especial para ello, llegaría a perder la alegría.

Pastillas milagrosas

Presa del pánico, Tristán volvió a ponerse la chaqueta de entretiempo y salió nuevamente de casa hacia un destino que le resultaba tan antipático como necesario.

Aunque divorciada ya desde hacía muchos años, su hermana mayor había estado casada con Walter, un psiquiatra que visitaba por las mañanas de martes a sábado, porque los domingos y los lunes iba al jugar a golf.

Nunca le había caído especialmente bien, pero siempre le pareció un hombre cuerdo y razonable. A fin de cuentas, solo necesitaba de él que le firmara la receta para ir a comprar los fármacos previstos para casos como el suyo.

De forma expeditiva, sin pedir hora ni comprobar siquiera que el psiquiatra siguiera atendiendo visitas los sábados, se plantó en media hora en su consulta, situada en la zona alta de la ciudad.

Tras llamar al portero electrónico, una espera excesivamente larga hizo que se impacientara. Se disponía ya a buscar su número de teléfono para llamarle cuando la voz aflautada del doctor surgió del aparato:

—¿Quién es?

—Soy Tristán, ¿me recuerdas? Hace años...

—Claro que te recuerdo —le cortó—. ¿Qué quieres?

Aquella pregunta tan directa y poco cortés lo acabó de desinflar. De haber tenido otras opciones médicas, Tristán lo habría mandado al infierno y habría buscado otro facultativo. Pero era sábado y no quería esperar al lunes para empezar el tratamiento.

—Quiero visitarme. Sé que debería haber pedido visita, pero...

Un zumbido estridente interrumpió la disculpa a la vez que se abría la gruesa puerta de cristal.

Recordando todos los motivos por los que nunca había tragado a quien, afortunadamente, había dejado de ser su cuñado, tomó el ascensor con olor a desinfectante y subió hasta el primer piso.

Al salir, el doctor ya lo esperaba en la puerta. Se fijó en que iba con zapatillas, pantalón de pijama y batín; «una forma poco decorosa de recibir los pacientes», pensó Tristán.

Sin embargo, el propio Walter se encargó de aclarar por qué lo atendía de esa guisa.

—Me he jubilado. ¿Qué te pasa?

Al escuchar la palabra «jubilado», a Tristán le pareció que el médico tenía el pelo más blanco y estaba algo encorvado. Con un repentino rubor, se dijo que debería haber calculado el paso del tiempo en un hombre que ya era bastante mayor que su hermana cuando se habían casado.

Con el gesto calculado de quien había recibido miles de pacientes en su vida, Walter lo invitó a pasar al despacho que había sido su consulta privada.

La mesa llena de novelas policíacas indicaba que el médico hacía tiempo que dedicaba su tiempo a otras cosas.

Sin importarle ese detalle —a fin de cuentas, solo había venido a por una receta—, Tristán se sentó en un butacón de piel y esperó a que el doctor hiciera lo propio en el otro lado.

Tras ocupar su lugar, apartó lentamente una pila de libros antes de preguntar:

—Entonces ¿en qué puedo ayudarte?

Sin más demora, Tristán le explicó atropelladamente las sensaciones que había tenido aquella mañana y concluyó diciendo:

—No sé explicar el motivo, pero, de repente, siento que he perdido la alegría de vivir.

—Pero ¿estás seguro de que la tenías antes? —se atrevió a preguntar el psiquiatra, con la libertad que le daba estar ya jubilado—. Nunca has sido la alegría de la huerta, que digamos.

—Quizá no la tenía... pero tampoco la echaba en falta —reflexionó Tristán en voz alta—. Pero desde esta mañana siento claramente que la he perdido.

Walter lo observó en silencio unos instantes, con los dedos entrecruzados sobre la mesa de caoba.

—¿Y cómo puedo ayudarte? —dijo a continuación.

—Recétame unas pastillas de esas que devuelven la alegría de vivir. ¿No es eso lo que hacéis los psiquiatras?

—No exactamente —dijo Walter, claramente molesto—. Los fármacos se recetan para trastornos diagnosticados que impiden tener una vida normal. Y lo que tú me cuentas puede ser un bajón pasajero. Sal a divertirte o échate una siesta, a ver si te despiertas de mejor humor. Si de aquí una semana sigues así, entonces lo hablamos.

«Una semana...» se repitió Tristán para sus adentros. Llevaba solo dos horas con aquel extraño mal y aquel médico retirado y terco le pedía que aguantara así una semana.

—Entonces ¿no me recetas nada?

—No. Lo que has perdido no se vende en pastillas.

—Ya... Pues si es así, lo que he perdido es el tiempo viniendo a visitarme.

En este punto, el psiquiatra se puso de pie y, sin disimular su irritación, le espetó:

—¿Sabes que te digo, Tristán? Cómprate un bosque y piérdete.

El paciente salió de la consulta hecho una furia. Ni siquiera se dignó a despedirse. Mientras bajaba las escaleras apresuradamente, Walter salió al rellano y, a modo de disculpa y conclusión, le dijo:

—La alegría no se puede recetar.

El centro comercial

Tristán regresaba cabizbajo, sin entender cómo un hombre con tan poca psicología, a su juicio, había obtenido el título de psiquiatra. Cuando ya se acercaba a su bloque, de repente sintió vértigo ante la perspectiva de encerrarse en casa con su angustia.

Era algo que había hecho todos los fines de semana de su vida, pero de repente le aterraba esa idea. ¿Qué había cambiado? ¿Sería que ya no se soportaba a sí mismo?

Cambiando repentinamente la dirección de sus pasos, decidió acercarse a un centro comercial que había abierto en el barrio aquel mismo otoño. Aunque había visto la publicidad en todas partes, hasta aquel mediodía no había sentido la necesidad de ir.

«Quizá sí que mi bajón es pasajero, como ha dicho ese idiota, y solo necesito darme una vuelta, mezclarme con la gente en las tiendas y comprarme algo bonito para animarme un poco.»

En medio de estos pensamientos llegó al centro comercial, que era gigantesco, y en el ecuador del sábado bullía con la actividad compradora de las familias.

Aparcando por un día su austeridad, Tristán entró en aquellas galerías relucientes como un consumidor más. Sin embargo, pronto se sintió superado por las decenas de establecimientos que gritaban sus ofertas desde los escaparates, mientras el hilo musical escupía canciones a un ritmo frenético que le disparaban aún más la ansiedad.

Aunque era consciente de que no necesitaba nada en especial, optó por entrar en una camisería famosa por sus telas de algodón biológico y sus precios pasados de vueltas.

Como hacía una eternidad que no renovaba su vestuario, se sintió extraño pasando las camisas por la barra como quien hojea un libro.

Tristán llegó a la conclusión de que la última vez que se había comprado ropa buena había sido para la boda de su hermana, una celebración para olvidar, porque no había llevado a nada bueno.

Una dependienta de voz cantarina le sacó de su ensimismamiento:

—¿Puedo ayudarlo en algo?

—No... Bueno, quizá sí. Quiero comprarme una camisa, pero no acabo de decidirme —reconoció.

—¿De cuadros o de rayas? ¿O la prefiere lisa?

—Pues... quizá mejor lisa. No me gusta dar la nota.

—Entonces le va a encantar la nueva temporada —dijo la joven mientras esgrimía una sonrisa angelical—. Han llegado tonos preciosos. ¿Qué color le gusta?

Esta pregunta pilló a Tristán por sorpresa. De niño le gustaba mucho el azul cielo. En la universidad lo había cambiado por un más adulto azul marino, y ya como consultor había optado por el negro.

Al mirarlo en perspectiva, por primera vez se daba cuenta de cómo había perdido color su vida. Peor que eso, se había convertido en una foto fija en blanco y negro.

—No lo sé... —respondió al fin—. Un color alegre. ¿Cuál me recomienda?

—Sin duda, este modelo de tono naranja. Acaba de llegar y está gustando muchísimo.

Tristán levantó la camisa con escepticismo. Ciertamente, la tela era suave y el color, muy radiante, pero no se imaginaba de esa guisa por la calle.

Al comprender sus dudas, la joven vendedora lo animó:

—Vamos, no sea tímido. Pruébesela y verá qué bien le sienta.

Para no llevarle la contraria, Tristán fue hacia el probador con la camisa naranja y empezó a desvestirse. Al ver su rostro apagado y ojeroso en el espejo, dio un paso atrás, francamente disgustado.

«Quizá sí que necesito color en mi vida», se dijo mientras se enfundaba la camisa de la nueva colección.

La tela era, en efecto, agradable al tacto, y la prenda tenía muy buen corte. No le quedaba ni ancha ni estrecha, e incluso disimulaba bien su incipiente barriga. El naranja era llamativo, pero sin llegar a ser chillón.

Con todo, al verse así vestido en el espejo, se sintió aún más abatido. La camisa era magnífica, tal como le había asegurado la entusiasta dependienta. ¿Dónde estaba el problema entonces?

La respuesta la tenía en el espejo, que hacía aún más cruel el contraste.

Allí veía un hombre triste dentro de una camisa alegre.

En este punto, Tristán comprendió. Lo que había perdido no se podía reponer, por mucho que se disfrazara con prendas de colores radiantes.

Se cambió a toda prisa y, tras doblar cuidadosamente la camisa naranja, salió del probador.

Al devolver la prenda a la dependienta, sus labios dibujaron un mohín de decepción.

—¿No le ha gustado?

—Sí, pero no tiene sentido que me la lleve ahora.

—¿Por qué? —preguntó, entre sorprendida y molesta.

—Acabo de entender que **la alegría no se puede comprar**.

La conferencia de filosofía

Tras el intento fallido de animarse en el centro comercial, Tristán se dedicó a deambular por las calles mientras un cielo encapotado amenazaba con descargar una tempestad sobre su ya atormentada cabeza.

Pensó en entrar en algún restaurante económico para comer el menú del día, pero junto con la alegría había perdido el hambre.

Caminaba como alma en pena, sin ver lo que tenía delante, y a punto estuvo de estrellarse contra un poste donde se anunciaba una conferencia cuyo título enseguida captó su atención:

LA CONQUISTA DE LA FELICIDAD

Leyendo la letra pequeña, se enteró de que la ponente era una reputada filósofa doctorada en Heidelberg. Sin nada mejor que hacer, decidió que acudiría a la ponencia por si le daba alguna pista sobre lo que había perdido aquella mañana.

Apenas había pasado medio día, pero ya le parecía una eternidad. ¿Se quedaría así para siempre? ¿O era aquel misterioso desánimo incluso el prólogo de algo peor?

Estuvo un par de horas «haciendo» (por no decir «perdiendo») tiempo hasta la hora de la ponencia, que se celebraba en un vetusto Ateneo con la mitad de las butacas vacías.

La docta conferenciante, que superaba de largo los setenta años, anunció que su charla versaría sobre el libro de Bertrand Russell de 1930 titulado justamente *La conquista de la felicidad*.

A continuación explicó que el filósofo británico había escrito aquel libro como reacción al pesimismo de pensadores modernos como Schopenhauer y Sartre. Con un tono propio de clase magistral, la ponente leía fragmentos del ensayo para su posterior comentario:

—«Excepto en muy raros casos, la felicidad no es algo que se nos venga a la boca, como una fruta madura, por una mera ocurrencia de circunstancias propicias. [...] Porque en un mundo tan lleno de desgracias evitables e inevitables, de enfermedades y trastornos psicológicos, de lucha, pobreza y mala voluntad, el hombre o la mujer que quiera ser feliz tiene que encontrar maneras de hacer frente a las múltiples causas de infelicidad que asedian a todo individuo.»

A continuación, la conferenciante señaló cuáles eran esas causas de la infelicidad: la competitividad, el aburrimiento, la fatiga, la envidia, el victimismo y el miedo a la opinión de los demás.

Mientras trataba de seguir el hilo de la ponencia, Tristán examinó hasta qué punto se cumplían en él las causas de la infelicidad.

Era competitivo consigo mismo, ya que trabajaba solo y no prestaba atención a cómo trabajaban los demás consultores.

Estaba aburrido, eso debía reconocerlo, aunque quizás había necesitado llegar hasta aquel punto para darse cuenta.

La fatiga que ahora sentía era nueva, y jamás había envidiado a los demás, aunque debía reconocer que, en su situación, la alegría ajena no le hacía maldita gracia.

El victimismo no iba con él y la opinión de los demás se la traía al pairo, así que, al terminar la conferencia, esperó a que el público abandonara mansamente la sala. Luego se acercó al estrado donde la doctora en filosofía recogía sus papeles.

—Muchas gracias por la charla, ha sido muy interesante.

La mujer agradeció sus palabras con un gesto de cabeza mientras metía los folios en una cartera de piel.

—¿Puedo hacerle una pregunta personal?

—Caballero, he venido aquí a hablar sobre Russell. No soy la persona más indicada para...

—Sí lo es —la interrumpió Tristán—. Quiero decirle que la teoría está muy bien, pero yo no sé qué hacer con mi vida ahora mismo. Me siento triste sin motivo, y tampoco me considero una persona ambiciosa... Simplemente siento que la llama de la ilusión se ha apagado en mi interior.

La profesora de filosofía lo miró con simpatía y le preguntó:

—¿Tiene hijos? ¿Está usted casado?

—No, vivo solo, y tampoco tengo muchos amigos, fuera de los conocidos de mi trabajo.

—Quizás aquí esté la cuestión. Russell decía que muy poca gente en el mundo sabe ser feliz en soledad, a no ser que uno sea un místico o un ermitaño.

—Ya, pero ahora mismo estoy solo... No creo que encuentre amigos o una pareja de hoy para mañana. La verdad, pensaba que los filósofos tenían una respuesta para eso.

—También los filósofos eran infelices, hijo —dijo la ponente, tomando ya el pasillo de salida, con Tristán al lado—. Algunos, muy infelices. Por eso, el libro de Russell se llama *La conquista de la felicidad*. De hecho, cada cual debe encontrar su propio camino hacia ella.

—Si debo encontrar mi propio camino, eso significa que tampoco los grandes filósofos poseen la fórmula universal para recuperar la alegría de vivir.

—No la poseen, en efecto. Por eso te recomiendo que mientras realices este viaje, te busques una buena compañía. **La alegría no se puede aprender.**

Noche en blanco

En medio de estos esfuerzos sin recompensa, a juicio de Tristán, lo mejor de aquel sábado fue que no duró más de veinticuatro horas. La fuerza de la costumbre hizo que al llegar la medianoche se metiera en la cama, aunque con pocas esperanzas de gozar de un sueño largo y reparador.

Efectivamente, tras las primeras dos horas en las que durmió por puro cansancio, de tanto ir arriba y abajo por la ciudad, se desveló con una sensación de desamparo y melancolía que no había vivido nunca antes.

Se levantó a tomar un vaso de agua y volvió a meterse en la cama, pero a cada vuelta que daba aumentaba su malestar. Sentía que le faltaba algo tan esencial como si fuera desnudo por el mundo, una pesadilla que había tenido muchas veces.

Dándose por vencido, Tristán fue a buscar su ordenador portátil y, sentado en la cama, buscó entretenimiento en los periódicos deportivos que leía cada día.

Sin embargo, aquel fin de semana no había liga y las noticias eran las mismas que había leído por la mañana.

Se disponía ya a cerrarlo cuando recordó las palabras de la profesora de filosofía: «Búscate una buena compañía».

«Tal vez sea eso —se dijo—. Llevo más de media vida solo y ha llegado la hora de compartir mi aburrimiento con alguien... Pero ¿por dónde empezar?»

Tristán nunca había sido muy activo en las redes sociales. De hecho, empezaba a darse cuenta de que nunca había sido activo en nada que no fuera su trabajo.

Sabía, eso sí, que en los últimos tiempos su situación merecía la etiqueta de *single*, así que puso esta palabra en el buscador de Google junto al nombre de su ciudad para ver qué pasaba.

En medio del follaje de cursos para seducir y páginas de citas encontró algo que encajaba con su carácter práctico y resolutivo. Aquel domingo a mediodía había una sesión de *speed dating* en un restaurante cercano. Tristán leyó interesado en qué consistía el asunto:

7 CITAS DE 7 MINUTOS.
¿Será una de ellas la pareja de tu vida?

«Quien sabe», se dijo, tratando de aferrarse a algo, aunque fueran siete citas con desconocidas —en su caso, mujeres— en un *fast food* de las relaciones humanas.

Al pagar la inscripción online con su tarjeta de crédito, se sintió un poco mejor.

Sin darse cuenta de cómo lo había logrado, a las cuatro de la madrugada cayó dormido.

Al salir de la cama seis horas más tarde, descubrió que la tristeza no se había ido con el sueño, como le había sugerido Walter. Al contrario, se había afianzado.

Cuando estaba bajo la ducha, se arrepintió de no haber comprado la camisa naranja. Se la habría puesto sin duda para aquellas siete citas exprés.

Como en tantas cosas de su vida, ya era demasiado tarde.

Speed dating

Su primera cita en la hilera de mesas de fórmica fue con una mujer de su edad con gafas de alta graduación y un fuerte aliento a tabaco. En el local no se podía fumar, obviamente, pero con cada palabra de ella le llegaba un vaho acre. Besar a esa mujer sería como hacerlo con un cenicero, pensó. Aun así, se esforzó en parecer cortés.

—La verdad es que es la primera vez que vengo a un lugar de estos.

—Yo hace semanas que estoy viniendo, y si te soy sincera, visto lo visto, será la última.

Siete minutos después, Tristán pasaba un asiento a la derecha, frente a una chica demasiado joven para él. Además, no paraba de mover las manos, como si fuera a sufrir un ataque de nervios de un momento a otro.

—Debo confesarte que no sé lo que hago aquí —se disculpaba ella—. Unas amigas me han convencido, y empiezo a sospechar que querían gastarme una broma.

—La vida entera es una broma —dijo Tristán, que estaba acostumbrado a hablar con cualquier cliente de cualquier cosa—, de otro modo no estaríamos aquí. ¿Cómo has dicho que te llamas?

La tercera mujer tenía los hombros tan hundidos que hicieron rodar cuesta abajo el ánimo de su interlocutor. Apenas hablaba y tuvo que llevar él la batuta durante siete minutos que se le hicieron eternos.

La cuarta, en un primer instante, parecía normal, lo que le dio a Tristán la esperanza de poder charlar de forma distendida. Tenía el pelo corto y unos ojos grandes y brillantes. Pero pronto pudo comprobar que preguntaba más que un inspector de policía.

—¿Qué esperas encontrar aquí?

—Nada especial, un poco de conversación.

—Y conocer mujeres. Sabes que cuando termine esta ronda, la coordinadora contrastará los elegidos y elegidas de uno y otro lado. Si hay *match* entre dos de ellos, ¡bingo! —explicaba como si ella no fuera parte del juego—. ¿Qué harás si tienes esa suerte?

—No lo sé... Supongo que seguir hablando en otro lugar.

—¿En qué lugar? Si yo soy elegida y te elijo a ti, ¿adónde querrás llevarme? ¿Has considerado la posibilidad de que te diga que no?

Tristán no pudo contener un bostezo. Si había tenido algún pequeño interés por aquella comecocos, ya se había disuelto en el aire.

Llegó al asiento número cinco sumido en la apatía y, tras un diálogo de circunstancias con una abogada laboralista, pasó a la sexta mujer con la cabeza ya puesta en salir del restaurante. La participante no pareció notarlo, ya que estuvo riendo como una descosida durante todo el turno. Cualquier cosa que él decía provocaba su risa.

La agotadora ronda terminó con una mujer alta y delgada que debía de estar tan hasta las narices como él, ya que interpretaba cada intento suyo de conversación como un ataque personal.

Terminado el *speed dating*, Tristán marcó en el casillero a las siete mujeres por pura inercia. Estaba demasiado agotado para tener criterio, si es que se puede elegir a un ser humano en siete minutos.

De hecho, fue el último en entregar su cartulina a la coordinadora, que contrastaba los resultados como si de unas elecciones presidenciales se tratara. Esta respiró hondo y le dirigió una mirada triste mientras le decía:

—Lo siento, pero no ha habido fortuna. No hay coincidencia entre las candidatas escogidas por usted y las elecciones de ellas.

—Pero si las he elegido a todas...

La coordinadora se encogió de hombros antes de atender al siguiente cliente, un hombre barbudo con un jersey de pico. Le hizo esperar, lo cual significaba que, en su caso, se había producido algún *match*.

Haciendo teatro, Tristán hizo ver que estaba furioso con el resultado y salió del restaurante con paso airado.

Una vez en la calle, dio un pequeño salto movido por el entusiasmo, por primera vez desde la mañana anterior. La elección de las siete candidatas había sido como jugar a la ruleta rusa, pues proseguir el cortejo con cualquiera de ellas le habría resultado un suplicio.

Sintiéndose un poco más sabio que una hora antes, mientras caminaba hacia casa se dijo que no estaba en condiciones de conocer a nadie ni de dejarse conocer. Sin embargo, en aquel estúpido juego de las sillas había aprendido algo más importante. Ahora ya lo sabía, pensó para sus adentros. **La alegría no te la puede dar nadie**.

Un tren sin destino

Con aquella pequeña serenidad, antes de llegar a su apartamento para preparar las visitas de la semana, ese domingo por la tarde sus pies decidieron desviarse por otro camino.

Aunque su angustia se había mitigado hasta volverse soportable, sus zapatos parecían empecinados en tomar un rumbo desconocido para él mismo, como si les hubiera traspasado la necesidad de huir: de su casa, de su barrio, de su ciudad... Ya que no podía huir de sí mismo.

Media hora más tarde se encontró en la estación central y sintió el impulso de subir al primer tren que saliera por aquellas vías.

Compró un billete para el destino más inmediato en el tablón de salidas, y subió a su tren sin saber lo que estaba haciendo ni hacia dónde se dirigía.

Cuando el viejo vagón arrancó, le pareció que con aquella sacudida dejaba atrás tres cuartas partes de sí mismo.

Al principio avanzaban muy lentamente, surcando extensos barrios dormitorio donde parecía imposible que pudiera habitar la felicidad.

Una vez que dejaron atrás los últimos suburbios, el tren aceleró entre campos ocres y dorados que se mecían bajo el armonioso compás del viento. Fue entonces cuando Tristán se dio cuenta de que el pasajero que se había sentado a su lado en la última estación era un joven monje.

Vestía totalmente de negro, cosa que le hizo deducir que pertenecía a alguna escuela de zen. Y tenía ganas de hablar, ya que tras dedicarle una sonrisa beatífica, se atrevió a tutearle:

—¿Vas al lago de los Crisantemos?

Tristán se sobresaltó como si acabaran de despertarle de un melancólico sueño.

—No sé de qué me hablas... Jamás he oído hablar de ese lugar.

—¡Eso es fantástico! Sin expectativas no hay decepciones. Es mejor no saber.

—¿Por qué es mejor no saber? —le preguntó Tristán, intrigado por la forma críptica de hablar del monje.

—Creo que lo decía san Agustín: «Para ir adonde no se sabe, hay que ir por donde no se sabe».

Tristán no entendía qué quería decirle aquel joven aspirante a pequeño saltamontes, pero por algún extraño motivo se sentía a gusto en su compañía.

—Entonces ¿dónde está ese lago de los Crisantemos?

Las palabras del maestro

Como si fuera lo más natural del mundo, Tristán se bajó en el mismo apeadero que el joven monje, una parada en medio de los campos donde ningún otro pasajero se aventuró a salir.

Juntos ascendieron por un camino que avanzaba entre espesas pinedas que rugían suavemente con la brisa.

Al llegar a un claro del monte donde se bifurcaban dos senderos, el joven guía le dijo:

—Sigue por la izquierda y encontrarás el lago de los Crisantemos y el albergue del Maestro.

—¿Y tú adónde vas? —le preguntó, sin saber a qué maestro se refería.

—Tengo previsto meditar a la intemperie, en el punto más alto al que pueda llegar antes de que me alcance la noche. Llevo un saco para dormir luego bajo las estrellas.

Dicho esto, se despidió levantando suavemente la mano. Tristán vio cómo sus sandalias tomaban un camino pedregoso hasta desaparecer.

En ese momento se encontraba solo y en medio de la nada, así que no le quedó otra opción que seguir remontando el otro sendero, mientras el crepúsculo iba envolviendo la tarde con su abrazo anaranjado.

Finalmente fue a desembocar a una loma salpicada de cipreses. Los árboles altos y tupidos formaban una especie de senda, así que siguió por ella hasta llegar a lo que parecía un almacén construido con chapa y madera.

Pese a que aquella modesta construcción revelaba la presencia humana, en el lugar reinaba un silencio absoluto.

«Sin duda, este es el albergue —se dijo mientras lo rodeaba hasta llegar a un estanque de aguas oscuras—. Y este es el lago, aunque no hay crisantemos ni otra flor que se precie.»

Agotado por el largo ascenso desde el apeadero, Tristán fue a sentarse sobre una piedra plana delante del lago, donde temblaban los últimos rayos de claridad. Pese a la hora tardía, un gorrión saltarín fue avanzando hacia él, esperando alguna miga de pan u otro premio para terminar la jornada.

—No tengo nada para ti, pequeño —dijo mientras el frío de la montaña empezaba a calar en él—. Y tampoco para mí... Más vale que ese cobertizo esté abierto, o moriré de frío esta misma noche.

Se disponía a levantarse para comprobarlo cuando un hombre delgado de aspecto hindú apareció al otro lado del lago. Iba enfundado en un grueso anorak y bordeaba las aguas con parsimonia, como si no tuviera prisa por llegar hasta el visitante.

Antes de que Tristán pudiera presentarse, el hombre le indicó que entraran en aquella especie de almacén.

Efectivamente, la puerta de chapa estaba abierta y, para su sorpresa, en el interior dormitaban sobre alfombras raídas media docena de gatos.

El maestro —no tenía duda de que era él— encendió entonces un brasero y le invitó a sentarse sobre unos almohadones, mientras ponía a cocer un cazo con té.

Sin más presentaciones, Tristán aprovechó para explicarle la extraña pérdida que había vivido el sábado por la mañana y cómo, de manera caprichosa, una cosa le había llevado a la otra hasta terminar allí aquella noche de domingo.

Tras escucharlo con atención, la voz del maestro sonó dulce y lejana como una letanía:

—Quién lo quiere tener todo, no tiene nada. Quien molesta a los demás, se molesta a sí mismo. Quien quiere controlar, termina descontrolado. Nunca estarás contento mientras aspires a un botín que no sea la gracia de estar vivo.

Tristán entendió que el maestro hablaba de él, de su vida y de la situación que le había llevado a entrar en crisis. Mientras la vieja tetera crepitaba en el fuego, el huésped habló en voz alta:

—Quizás el problema sea que no sé qué estoy buscando... Porque ¿qué es la alegría en realidad?

—Es una vasija vacía en la que caben todas las cosas. Hasta que no te vacíes de ti mismo, de tus tonterías y preocupaciones, no podrás cobijar la alegría.

—Comprendo lo que quiere decir, maestro, pero no sé cómo hacerlo.

El hombre respiró profundamente, antes de decirle:

—Un placer se define como la ausencia de necesidad, y tú ahora necesitas dormir. Tómate el té y cierra los ojos. Cuando el sol se levante sobre el lago, ve a su orilla y mira su superficie. Allí encontrarás la respuesta que necesitas.

Tristán hizo lo que le pedía y, tras beberse el té, fue a buscar un jergón. El maestro le acercó una manta y se despidió con las siguientes palabras:

—Nisargadatta, que fue maestro de mi padre, solía decir: «Saber que no eres nada es sabiduría. Saber que lo eres todo es amor».

Amanecer

La tenue claridad que se filtraba entre los tablones lo despertó sin que tuviera que hacer uso de otro despertador. La temperatura había bajado, así que Tristán se enfundó en la manta y salió hacia el lago tal como le había pedido el maestro.

Sentado sobre la misma piedra plana, su mirada se posó en aquellas aguas que se iban encendiendo con los destellos del amanecer.

A pesar del frío, permanecía sereno, observando cómo instante a instante se hacía realidad el milagro de un nuevo día.

Con la mañana reapareció el pajarillo, que saltaba y revoloteaba muy cerca de él, desprovisto de temores. Sin hacer otra cosa que estar allí sentado, una serenidad cada vez mayor se apoderaba de Tristán.

Cuando la bola solar se elevaba ya sobre las aguas, el maestro apareció con paso tranquilo y fue a sentarse a su lado. Le dio un bol de té caliente y otro con arroz antes de preguntarle:

—¿Has podido ver ya lo que buscabas?

—Si le soy sincero, no he visto nada en el lago... que no sea el propio lago.

El maestro rio antes de responder a eso:

—No verías otra cosa aunque vinieses aquí diez mil amaneceres. El estanque es solo un espejo de ti mismo. Lo que cuenta es el lago que hay en tu interior.

En un fogonazo de inspiración, Tristán pensó que quizá fuera aquello «la buena compañía» de la que le había hablado la profesora de filosofía. Ser un buen compañero de uno mismo, dejarse vivir, dejarse en paz, como le había dado a entender el maestro la noche anterior. Dejar en paz a los demás y a uno mismo, dejar de complicarse la vida.

—Entonces... —dijo aún un poco confuso—. Si no hay otra cosa que ver, fuera del propio lago, si hay que dejar ir y dejarse ir, ¿cómo podemos buscar aquello que necesitamos?

—Vendrá por sí solo cuando dejes de buscar —respondió el maestro.

—¿También la alegría?

—Sobre todo eso. Métete esto en la cabeza: **la alegría no se puede buscar**.

La respuesta

Cuando el tren llegó a la ciudad, Tristán sintió que regresaba de un largo y lejano viaje. Era solo lunes a mediodía, pero tenía la impresión de haber estado fuera una pequeña eternidad.

Mientras salía de la estación, activó el teléfono móvil, que enseguida se llenó de mensajes de trabajo que reclamaban su atención. Sin embargo, decidió que no había prisa.

Su atención estaba ahora puesta en cada paso que daba, en el sol otoñal que luchaba por desembarazarse de las nubes, en la algarabía de niños que llenaban el parque en la pausa antes de ir a comer.

Tristán fue aminorando el paso hasta llegar a un cercado lleno de arena, donde el mismo niño que había visto dos días antes levantaba nuevos castillos con el cubo y la pala.

Allí había empezado todo.

No pudo resistirse a la tentación de agacharse al lado del pequeño, después de saludar a su madre, que era una vecina de su propio bloque. Guardando cierta distancia para no asustarlo, le dijo:

—Yo también quiero hacer uno de estos. ¿Me dejas un momento el cubo y la pala?

El niño, que tendría poco más de tres años, lo escrutó con una mirada exigente. Luego le lanzó lo que le había pedido para que pudiera levantar su castillo.

Tratando de recuperar la sabiduría enterrada en la infancia, Tristán se valió de la pala para ir llenando el cubo de arena. Cuando lo tuvo lleno hasta los bordes, utilizó la misma pala para prensar el material que daría consistencia al castillo.

Llegado el momento crucial, dio la vuelta al cubo y trató de levantarlo para liberar la forma deseada, pero la arena prensada se resistía a abandonar el recipiente. Quizá porque estaba húmeda, se había pegado a las paredes como una masa pringosa.

Tal como había hecho de niño, Tristán golpeó la base con la pala para obligar a aquella masa a salir del molde, pero había levantado demasiado el cubo y el contenido acabó desparramado como una montaña informe.

—¡Mira qué has hecho!

Ante aquel fiasco de castillo, el niño estalló en una carcajada de la que enseguida se contagió él mismo. Llorando de risa y de alivio, de repente Tristán sintió que se elevaba por encima de sí mismo, de las tristezas del mundo, de la finitud de la vida.

Fue entonces, sin dejar de reír y con las manos pringadas de arena, cuando supo al fin que era libre.

La alegría no se puede recetar.

La alegría no se puede comprar.

La alegría no se puede aprender.

La alegría no te la puede dar nadie.

La alegría no se puede buscar.

Solo puedes encontrarla, porque siempre está aquí, contigo, aunque a veces no te des cuenta.

AGRADECIMIENTOS

A toda la gente que amo y por la que me he sentido y sabido amado, mis fuentes eternas de alegría en el recuerdo de ayer y en el ahora de hoy.

Álex

A Franzi Rosés, por todos estos bellos años de trabajo juntos.

A Carol, por su fiel amistad, sus transcripciones y ediciones.

A Víctor Jurado, lúcido documentalista y sabio prematuro.

A Sonia Fernández-Vidal, por quererme como soy y ser mi hermana espiritual.

A Anna, la luz de mi vida, mi compañera en la aventura de existir.

A mi hijo Niko, grandioso creador y maestro.

A Katinka, la bondad hecha persona, amiga del alma para un camino sin fin.

A todos mis amigos, sin excepción.

Francesc

A nuestros amables lectores, deseamos que la alegría brille en cada día de vuestra vida.

Álex y Francesc